Supported Employment

Arbeitsintegration für Personen mit erschwertem Zugang zum Arbeitsmarkt

Daniel Schaufelberger

Supported Employment

Arbeitsintegration für Personen mit erschwertem Zugang zum Arbeitsmarkt

Daniel Schaufelberger
mit einem Beitrag von Peter Mösch Payot

interact · Luzern

Bibliografische Information der Deutschen Nationalbibliothek

Die Deutsche Nationalbibliothek verzeichnet diese Publikation in der Deutschen Nationalbibliografie; detaillierte bibliografische Daten sind im Internet über http://dnb.d-nb.de abrufbar.

ISBN 978-3-906036-09-0

Hochschule Luzern – Soziale Arbeit

www.hslu.ch/interact

Korrekturen: Petra Meyer, korrektorium, Römerswil

Gestaltung: Martina Pelosi, Cyan GmbH, Luzern

Druck: edubook, Merenschwand

Papier: Mondi DNS

Diese Publikation wurde ausschliesslich in der Schweiz produziert.

Inhaltsverzeichnis

Seite

Abbildungsverzeichnis

Seite

Vorwort

Seit der Moderne gilt Erwerbsarbeit und damit die Integration in den Arbeitsmarkt als zentraler Modus von Vergesellschaftung. Wer Arbeit hat, gehört dazu. An eine Arbeitsstelle ist nicht nur finanzielle Unabhängigkeit, sondern auch gesellschaftliche Anerkennung und Teilhabe geknüpft. Arbeit stiftet Sinn, verschafft eine Identität.

Allerdings wird zunehmend erkennbar, dass die heutige Arbeitsgesellschaft an Grenzen stösst. Dem hohen Wert einer Arbeitsstelle stehen die begrenzten Möglichkeiten gegenüber, überhaupt Zugang zu einer solchen zu erhalten. Arbeitslosenzahlen steigen an und Arbeitsverhältnisse in prekären Bereichen, die weder langfristige Sicherheiten noch existenzsichernde Löhne garantieren können, nehmen zu. Auch wenn die Situation in der Schweiz im internationalen Vergleich noch weniger angespannt ist, so zeigen sich doch auch hier Probleme. Insbesondere langzeitarbeitslose Menschen finden in der Schweiz auch in guter Konjunkturlage kaum mehr Zugang zum Arbeitsmarkt. Gleichzeitig werden im Zuge der neoliberalen Umgestaltung des Wohlfahrtsstaates die Versicherungsleistungen für Arbeitslose gekürzt und im Rahmen der Aktivierungspolitik die Bemühungen, aber auch der Druck auf die (Re-)Integration in Arbeit verstärkt.

Insofern, als der Zugang zu Arbeit nach wie vor mit Möglichkeiten zu sozialer Teilhabe verknüpft ist, wird das Fehlen von Erwerbsarbeit zu einem wesentlichen Thema der Sozialen Arbeit – bezieht sich diese im Kern doch auf das Problem fehlender oder mangelnder sozialer Teilhabe in der modernen Gesellschaft. Sich mit Erwerbslosigkeit aus der Perspektive der Sozialen Arbeit zu befassen heisst denn auch, den Zugang zu Erwerbsarbeit nie gewissermassen als Ziel per se, sondern immer in ihrer Verbindung mit der Thematik sozialer Teilhabe zu verstehen und zu thematisieren. Arbeitsintegration ist aus dieser Optik nur dort zu stützen, wo sie tatsächlich Möglichkeiten zu gesellschaftlicher Teilhabe verbessert und nicht stattdessen Gefahr läuft, erst recht in finanzielle und soziale Prekarität hineinzuführen. Ebenso kann man sich aus dieser Optik nicht grundsätzlich gegenüber Diskussionen verschliessen, welche die enge Kopplung von Erwerbsarbeit, finanzieller Sicherheit und sozialem Ansehen thematisieren und nach Alternativen fragen.

In unserer Tätigkeit an der Hochschule Luzern – Soziale Arbeit sind wir täglich mit den Herausforderungen im Zusammenhang mit Arbeitslosigkeit und Arbeitsintegration konfrontiert, sei dies im Rahmen von Weiterbildungen oder im Rahmen von Beratungs- und Evaluationsaufträgen für staatliche Stellen oder private Anbieter von Integrationsprogrammen. Im Kontakt mit Professionellen ebenso wie in der Begegnung mit von Arbeitslosigkeit betroffenen Menschen werden wir uns dabei immer wieder des anspruchsvollen Spannungsfeldes bewusst, in dem sich die Soziale Arbeit allgemein und insbesondere im Bereich der Arbeitsintegration bewegt: Auf der einen Seite verlangt das Gebot professioneller Sozialer Arbeit, individuelle Problemlagen möglichst differenziert in ihrer je eigenen Konstellation zu verstehen, und drängt in diesem Sinn zu einer «individualisierenden» Sichtweise. Auf der anderen Seite gilt es, jenen zu kurz greifenden Erklärungs- und Bearbeitungsversuchen von Arbeitslosigkeit entgegenzuhalten, die das Problem der Arbeitslosigkeit alleine auf der individuellen Ebene beziehungsweise bei den Defiziten der arbeitslosen Personen verorten und Bedingungen und Mechanismen auf struktureller Ebene ignorieren. Diese Spannung auszuhalten, hochwertige Arbeit auf individueller Ebene im Rahmen von Arbeitsintegrationsmassnahmen zu leisten und gleichzeitig machtvolle ökonomische und gesellschaftliche Dynamiken nicht aus dem Blick zu verlieren, erachten wir als ebenso schwierige wie wichtige Aufgabe all jener, die sich im breiten Feld der Arbeitsintegration engagieren.

Vor diesem Hintergrund ist es uns ein Anliegen, über unsere Projektarbeit und Lehrtätigkeit hinaus auch im Rahmen von öffentlichen Veranstaltungen und Publikationen einen Beitrag zur Diskussion und Weiterentwicklung der Arbeitsintegration zu leisten. Die vorliegende Publikation ist in diesem Kontext zu sehen. Geplant ist, ihr in loser Folge weitere Beiträge folgen zu lassen, in denen wir Einblick in unsere Tätigkeiten und die dabei gesammelten Erfahrungen geben wollen. Die Beiträge decken dabei das gesamte oben beschriebene Spektrum von der individuellen bis zur gesamtgesellschaftlichen Ebene ab; nebst methodischen Ansätzen sollen etwa auch unterschiedliche sozialstaatliche Modelle oder Fragen der Regionalisierung im Bereich der Arbeitsintegration zum Thema werden.

Den Anfang macht mit dieser Publikation ein Beitrag zu «Supported Employment». Es handelt sich dabei um einen Ansatz, der uns sowohl aufgrund seiner Herangehensweise als auch aufgrund unserer bisherigen Erfahrungen und Beobachtungen im Berufsfeld besonders vielversprechend erscheint. Zu seinen wichtigen Merkmalen gehören unter anderem der hohe Stellenwert der Sichtweise und Bedürfnisse der zu integrierenden Person, die enge Zusammenarbeit mit den Arbeitgebenden sowie die längerfristige Begleitung im Integrationsprozess. Es ist ein Ansatz, der auf individueller Ebene ansetzt, dabei aber – zumindest im konkreten Einzelfall – auch die Arbeitgeberseite in die Pflicht nimmt und einem bevormundenden, kurzfristigen Verständnis von Arbeitsintegration entgegenzuhalten versucht. Supported Employment ist insgesamt noch jung und weitere Erfahrungen werden zeigen, inwieweit sich auf diese Weise langfristige Lösungen finden lassen, bei denen die Integration in Arbeit auch die Verbesserung und Sicherung von sozialen Teilhabemöglichkeiten bedeutet.

Eva Mey
Werner Riedweg
Daniel Schaufelberger

Einleitung

Die Arbeitsintegration hat seit den Neunzigerjahren zunehmend an Bedeutung gewonnen. Eine stetig wachsende – wenn auch im internationalen Vergleich nach wie vor tiefe – Sockelarbeitslosigkeit, die neue Jugendarbeitslosigkeit sowie die zunehmende Anzahl von Invalidenversicherungsrenten beziehenden Personen[1] und damit einhergehende finanzielle Sorgen haben zu weitreichenden Anpassungen und Gesetzesrevisionen in den bestehenden sozialen Sicherungssystemen geführt.

Die Schweiz setzte bei diesen Reformen, wie es die meisten westeuropäischen Staaten in den letzten 20 Jahren taten, auf aktivierende Massnahmen. Die Aktivierung wurde zum Leitbild der staatlichen Sozialpolitik. Aktivierende Arbeitsmarktpolitik möchte, so das Ziel, mit einem Mix aus sanktionsorientierten («Fordern») und unterstützungsorientierten («Fördern») Instrumenten und Massnahmen die Verfügbarkeit von arbeitslosen Personen für den Arbeitsmarkt sicherstellen (Reis & Wende 2010, 70).

Während der Zugang zu entsprechenden Sozialversicherungsleistungen (IV-Renten, Taggelder der Arbeitslosenversicherung) tendenziell erschwert wurde, sind die Leistungen und Massnahmen zur beruflichen und sozialen Integration unter dem Paradigma der Aktivierung sukzessive ausgebaut worden. Heute ist die Arbeitsintegration ein vielfältiges Feld mit einer breiten Palette an Massnahmen und Interventionen und einer Vielzahl von unterschiedlichen Akteuren.

Die Entwicklung der Arbeitsintegration wird dabei in mehrfacher Hinsicht kritisiert. So wird bemängelt, dass der Ausbau von Unterstützungsmassnahmen zur beruflichen Integration oftmals mit Kürzungen von Leistungen und vermehrten

1 Seit 2005 wieder sinkend.

Mitwirkungspflichten und Kontrollmechanismen kombiniert werden (Enggruber 2010, 15f.). Die Soziale Arbeit kritisiert insbesondere die Auswirkungen des Aktivierungsparadigmas auf die betroffenen Personen. Eva Nadai spricht von einer *Produktion der Unsicherheit,* weil Druck und Kontrolle zu Unsicherheiten und Einschränkung der Handlungsautonomie führen würden (2009). Diese Stimmen erscheinen mir wichtig, weil Aktivitäten und Programme, die sich auf Disziplinierung und Machtausübung beschränken oder simplifiziert nach motivierten/unmotivierten und vermittlungsfähigen/nicht vermittlungsfähigen Klientinnen und Klienten unterscheiden, Grundlegendes ausser Acht lassen. Zum Beispiel, dass Soziale Dienstleistungen im Allgemeinen und die Unterstützung zur Integration in die Arbeit im Speziellen immer in Ko-Produktion[2] erfolgen und eine tragfähige Zusammenarbeit zwischen Betroffenen und Integrationsfachpersonen erfordern (vgl. Dunkel 2011). Oder, dass konjunkturelle und strukturelle Rahmenbedingungen die Job-Aussichten von Stellensuchenden massgeblich determinieren. Michael Nollert (2010) oder Ruth Enggruber (2010) problematisieren treffend das vorherrschende Bild, das besagt, dass Menschen mit der richtigen Einstellung und den richtigen Massnahmen in Arbeit integriert werden können. In diesen Sichtweisen werden relevante strukturelle Fakten wie die steigende Sockelarbeitslosigkeit oder die schwindende Nachfrage nach gering qualifizierten Arbeitskräften unberücksichtigt gelassen.

Neben der Kritik an der Ausgestaltung der Arbeitsintegration im Paradigma der Aktivierung wurde in den letzten Jahren auch zudem die Wirksamkeit von Arbeitstrainings- und Vermittlungsprogrammen infrage gestellt (z.B. Aeppli & Ragni 2009; vgl. auch Kapitel 1.1.). Trotzdem werden die Leistungen und Massnahmen zur Arbeitsintegration tendenziell weiter ausgebaut, wobei zu einem erheblichen Teil weiterhin auf Angebote im ergänzenden Arbeitsmarkt gesetzt wird.

Mitten in diese Dynamik, welche zunehmend komplex und unübersichtlich geworden ist, taucht mit Supported Employment ein neues Konzept auf. Bereits der englische Begriff weist darauf hin, dass Supported Employment nicht innerhalb des sozialen Sicherungssystems entstanden ist. Supported Employment ist kein Konzept der Aktivierung und nicht wie beispielsweise die Integrationsmassnahmen der Invalidenversicherung ein Ergebnis eines Gesetzesrevisionsprozesses. Aber was ist es dann? Was meint Supported Employment? Was

2 Ko-Produktion meint, dass die Inanspruchnahme der Dienstleistung mit deren Entstehung in einer Handlung zusammenfallen (Uno-actu-Prinzip). Klienten und Klientinnen sind also gewissermassen Empfangende und Produzierende von Unterstützungsleistungen zugleich, was erklärt, warum Ergebnisse von sozialen Dienstleistungen von der Kooperation(sfähigkeit) der Beteiligten abhängen (vgl. Dunkel 2011, 188).

steht dahinter? Ist es nur eine neuenglische Wortschöpfung von Altbekanntem? Welchem Verständnis von Arbeitsintegration folgt Supported Employment? Wie ist das Konzept in die Landschaft der Arbeitsintegration einzuordnen?
Die vorliegende Publikation soll Antworten auf diese Fragen geben. Supported Employment ist zwar keineswegs neu, in jüngster Zeit wird in der Schweiz jedoch vermehrt darüber gesprochen. Die vorliegende Publikation möchte einen Beitrag zur Diskussion leisten und deutlich machen, wie Supported Employment das bestehende System der Arbeitsintegration in der Schweiz ergänzen könnte und was die Umsetzung von Supported Employment bedeutet.

Wichtige Begrifflichkeiten

Für das Verständnis von Supported Employment und dessen Einordnung in die bestehenden Rahmenbedingungen ist es nötig, vorgängig einige Begriffe zu klären. Auch in Bezug auf die Sprache ist die Praxis der unterschiedlichen Akteure und sozialen Sicherungssysteme keineswegs einheitlich. So werden teilweise gleiche Begriffe für Unterschiedliches und unterschiedliche Begriffe für dasselbe verwendet.
Zu klären ist der auch hier bereits häufig verwendete Begriff *Arbeitsintegration*, zu dem in der Praxis keine einheitliche Begriffsverwendung erwartet werden kann. So wird der Begriff in manchen Kontexten kaum oder gar nicht verwendet. Die Sozialhilfe kennt beispielsweise anstelle des Begriffs *Arbeitsintegration* die Bezeichnung *berufliche und soziale Integration,* wobei die *berufliche Integration* sich auf die Massnahmen zur Aufnahme einer bezahlten Erwerbsarbeit bezieht, während die *soziale Integration* Möglichkeiten der Beschäftigung mit dem Ziel der sozialen Teilhabe und Stabilisierung meint. Eine Annäherung an den Begriff *Arbeitsintegration* gibt die Auseinandersetzung mit den Wortteilen *Arbeit* und *Integration*, wobei der Arbeitsbegriff wiederum sehr offen ist und in Abhängigkeit von Disziplin und Kontext unterschiedlich definiert wird. Gemeinsamkeit verschiedener Definitionen ist die Bedeutung des zweck- oder zielgerichteten Handelns (vgl. Jahoda 1983). Neben ***Arbeit*** verstanden als Tätigkeiten zur Herstellung von Gütern oder Diensten sind mit Arbeit auch Prozesse verbunden, in denen Menschen soziale Beziehungen eingehen, welche im gesamten Lebenszusammenhang von zentraler Bedeutung sind (vgl. wirtschaftslexikon.gabler.de). Arbeit lässt sich unterteilen in Erwerbsarbeit (Lohn gegen Arbeitsleistung zur Finanzierung des Lebensunterhalts) und Nicht-Erwerbsarbeit (Betreuung bzw. Pflege von Kindern oder Angehörigen, Hausarbeit, Freiwilligenarbeit).
Auch beim Integrationsbegriff kann nicht auf ein einheitliches Verständnis zurückgegriffen werden. Verständnis und Definitionen sind ähnlich offen wie beim Arbeitsbegriff. Peter Sommerfeld et al. stellen fest, dass der Begriff (zumindest) in der Sozialen Arbeit zwar breit verwendet wird, aber inhaltlich kaum geklärt

ist (2011, 21). Die Autoren und Autorin kritisieren, dass ***Integration*** oftmals auf ein vereinfachendes und dichotomes Verständnis von *Drinnen* (integriert sein) oder *Draussen* (nicht integriert sein) reduziert wird (Sommerfeld et al. 2011, 17f.). Dies scheint mir insbesondere in Bezug auf die Arbeitsintegration relevant, weil gerade in diesem Kontext verbreitet in den Kategorien *integriert* bzw. *nicht integriert* gedacht wird. *Integriert* meint dann in der Regel, dass jemand eine Erwerbsarbeit hat und zumindest so viel Lohn erhält, dass die staatlichen Transferleistungen (Renten oder Taggelder) minimiert werden können, während *nicht integriert* in dieser Sichtweise die Abwesenheit einer entsprechenden Erwerbsarbeit bedeutet. Diese Perspektive ist in mehrfacher Hinsicht problematisch.

Zum einen geht mit der polaren Konstruktion von Integration und Ausschluss eine Fokussierung auf das Individuum einher (Sommerfeld et al. 2011, 17). Die gesellschaftliche Position eines Individuums wird dabei mit den Eigenschaften des Individuums in Zusammenhang gebracht und lässt sozialstrukturelle Komponenten unberücksichtigt (Sommerfeld et al. 2011, 17), womit an die bereits erwähnte Aktivierungskritik von Nollert und Enggruber angeknüpft wird.

Ebenfalls problematisch an einem Drinnen-Draussen-Integrationsverständnis ist, dass Arbeit nicht quasi automatisch zur Integration von Individuen führt und es auch Formen der Teilhabe an Arbeit – auch Erwerbsarbeit – gibt, welche weder zu finanzieller Unabhängigkeit noch sozialer Anerkennung führen (Mäder 2009, 63). Gut bezahlte Arbeit wiederum schafft nicht in jedem Fall gesellschaftlichen Anschluss (Kutzner & Nollert 2009, 9). Das Integrationsgeschehen ist weit komplexer und kann auch im Kontext der Arbeitsintegration nicht auf die Existenz einer Erwerbsarbeit reduziert werden. Vielmehr ist Peter Sommerfeld zuzustimmen, wenn er die Integration als «mutmasslich komplexes Zusammenspiel von individuellen Aktivitäten in sozialen Strukturen» skizziert (Sommerfeld et al. 2011, 14). Integration ist also nicht an einer Trennlinie zwischen Drinnen und Draussen festzumachen. Integration meint vielmehr Zugehörigkeiten und Nicht-Zugehörigkeiten, die das konkrete Verhältnis eines Menschen zur Gesellschaft ausmachen und graduell sehr unterschiedliche Formen annehmen können (18).

Arbeitsintegration, verstanden vor diesem Hintergrund, bezieht sich auf den Zugang von Individuen zu Arbeit und das konkrete Verhältnis eines Menschen zur Gesellschaft, welches über die Arbeit geprägt wird, wobei sich Arbeit an dieser Stelle nicht nur, aber prioritär auf Erwerbsarbeit[3] bezieht. Aktivitäten und Massnah-

3 «Erwerbsarbeit bildet seit der Moderne *das* tragende Prinzip sowohl für die Organisation und institutionelle Ausgestaltung der Gesellschaft als auch für die Bildung von Identität. Darauf bauen sämtliche Bestrebungen zur Arbeitsintegration auf. Diese Bestrebungen stellen damit auch das Primat von Arbeit in unserer Gesellschaft nicht grundsätzlich infrage, gehen viel eher implizit davon aus, dass die Integration möglichst vieler Gesellschaftsmitglieder in die Erwerbsarbeit die zumindest derzeit beste Lösung aktueller sozialer Fragen darstellt» (Mey & Schaufelberger 2010, 15f.).

men der *Arbeitsintegration* wollen diesen Zugang sichern bzw. fördern und Zugehörigkeit schaffen. Ein Team von Dozierenden und Projektleitenden der Hochschule Luzern – Soziale Arbeit haben 2010 einen Vorschlag für eine Systematisierung der vielfältigen Massnahmen und Aktivitäten der Arbeitsintegration vorgelegt (Mey & Schaufelberger 2010). Im entsprechenden Artikel wurde in Bezug auf das Verständnis der *Arbeitsintegration* präzisiert: «Damit (mit der Arbeitsintegration) sind zwei Ziele verbunden, deren Gewichtung je nach historischer Ausgestaltung des Sozialstaates und je nach Akteuren variiert: das Ziel der Teilhabe möglichst aller Personen an gesamtgesellschaftlichen Sinn- und Arbeitszusammenhängen (‹soziale Teilhabe›, ‹soziale Integration›) sowie das Ziel der wirtschaftlichen Unabhängigkeit möglichst aller Gesellschaftsmitglieder durch Erwerbsarbeit. Im einen Fall geht es um eine Verhinderung von Desintegration und Ausgrenzung auf gesellschaftlicher Ebene und um Zugehörigkeit und Autonomie auf der individuellen Ebene, im anderen um die finanzielle Entlastung auf gesellschaftlicher Ebene sowie die finanzielle Autonomie des Einzelnen. Stellt man sich beide Zielsetzungen als Achsen vor, so spannen sie das Feld der *Arbeitsintegration* auf. *Arbeitsintegration* in seiner Gesamtheit zielt in unserem Verständnis letztlich immer auf eine Verbesserung auf beiden Achsen» (Mey & Schaufelberger 2010, 15).

Arbeitsintegration kann damit gewissermassen als Dach oder Klammer für unterschiedliche Bemühungen, Aktivitäten und Massnahmen, welche sich in die oben stehende Gegenstandsbeschreibung einordnen lassen, gesehen werden. Supported Employment wiederum lässt sich hier einreihen und kann als Konzept der Arbeitsintegration verstanden werden.

In Verbindung mit dem Begriff Arbeitsintegration steht auch die Bezeichnung des ***Arbeitsmarkts*** respektive die Unterscheidung in einen allgemeinen (auch als erster, normaler oder regulärer Arbeitsmarkt bezeichnet) und einen ergänzenden (auch als zweiter oder sogar unterteilt in zweiter und dritter Arbeitsmarkt bezeichnet) Arbeitsmarkt.

Als ***allgemeiner Arbeitsmarkt*** wird der «normale» Arbeitsmarkt bezeichnet, auf dem Unternehmen aus betriebswirtschaftlichen Gründen Arbeitskräfte nachfragen und Arbeitnehmende diese anbieten. Die Arbeitsleistung ist die handelbare Ware, welche mit Lohn vergütet wird (vgl. dazu Brinkmann 1981, oder Abraham & Hinz 2008). Arbeit auf dem allgemeinen Arbeitsmarkt im vorliegenden Verständnis schliesst Anstellungsverhältnisse mit minimaler Leistung (z.B. aufgrund einer Beeinträchtigung) mit ein, wenn die geleistete Arbeit mit einem entsprechenden Lohn bezahlt wird (unabhängig davon, ob weiterhin Transferleistungen notwendig sind).

In Abgrenzung zum allgemeinen Arbeitsmarkt meint der ***ergänzende Arbeitsmarkt*** den staatlich geförderten Arbeitsmarkt, in dem (in der Regel in spezifischen Institutionen) Arbeitsgelegenheiten geschaffen und Arbeitsverhältnisse subventioniert werden, damit die Nachfrage nach Arbeitskräften erhöht wird bzw. ein Ausgleich von Arbeitskraftangebot und -nachfrage erzeugt wird und auch Menschen mit Benachteiligungen Arbeit finden (vgl. auch Kehrli 2009).

Überblick zum Aufbau des Buchs

In einem ersten Teil werden Grundlagen zu Supported Employment dargelegt. Neben Ausführungen zur Definition und den zentralen Merkmalen und Prinzipien von Supported Employment (Kapitel 1.1.) wird den Wurzeln und wichtigsten Entwicklungslinien des Konzepts nachgegangen (Kapitel 1.2.). Dazu werden Bezüge zu Theorien sowie einige zentrale empirische Ergebnisse zu Supported Employment beschrieben (Kapitel 1.3.). Abgeschlossen wird der Grundlagenteil mit Hinweisen zum Verhältnis von Supported Employment und der Sozialen Arbeit (Kapitel 2.). Damit wird auch deutlich gemacht, dass ich Supported Employment und dessen Umsetzung als Dozent und Projektleiter einer Fachhochschule für Soziale Arbeit und somit aus der Perspektive der Sozialen Arbeit betrachte.
Der zweite Teil des Buchs bezieht sich auf die Umsetzung von Supported Employment. Kapitel 3 thematisiert die Voraussetzungen und Rahmenbedingungen zur Anwendung des Konzepts in der Schweiz. Dies beinhaltet einen Blick auf den Schweizer Arbeitsmarkt (Kapitel 3.1.), eine Einschätzung der gegenwärtigen Verbreitung und Anwendung von Supported Employment (Kapitel 3.2.) sowie Hinweise zu den gesetzlichen Grundlagen und zur Finanzierung von Supported Employment (Kapitel 3.3.). Das Kapitel 4 bezieht sich auf die Organisationsebene und fokussiert die Frage, was die Entwicklung und Umsetzung von Supported Employment als (Dienstleistungs-)Angebot in der Organisation bedeutet. Kapitel 5 widmet sich der konkreten Umsetzung von Supported Employment und thematisiert entlang von vier Phasen die Arbeit von Job Coaches. Im Kapitel 6 folgt schliesslich eine Einschätzung zu den Perspektiven von Supported Employment in der Schweiz. Peter Mösch Payot beleuchtet im dritten Teil (Kapitel 7.-9.) relevante arbeitsrechtliche Fragen zu Supported Employment und verleiht diesem sonst eher wenig beleuchteten Thema das nötige Gewicht.

Ein wichtiger Bestandteil der Publikation sind die Fallporträts, in denen drei Personen und ihre Integrationsgeschichte vorgestellt werden. Mit diesen Porträts erhalten die Ausführungen konkrete Gesichter und Lebendigkeit. Sie sollen zeigen, wie Job Coaches die manchmal hohen und leicht formulierten Ansprüche mit den konkreten Möglichkeiten und Rahmenbedingungen der Praxis umsetzen und gute Integrationsarbeit geleistet werden kann.

Mit den gewählten sprachlichen Formulierungen sollen beide Geschlechter gleichermassen angesprochen werden. Ausser es sei explizit erwähnt, sind sowohl Frauen als auch Männer angesprochen.

Die Ausführungen zu Supported Employment in diesem Buch sind keinesfalls erschöpfend und auch inhaltlich lässt sich – ähnlich wie zu den obenstehenden Begriffsklärungen – vieles ergänzen oder anders sehen. Es besteht kein Anspruch darauf, Supported Employment als Konzept zu definieren und seine Umsetzung deterministisch vorzugeben. Erfüllt wären die Ziele vielmehr, wenn Praktikerinnen und Praktiker, Führungs- und Steuerungsverantwortliche aus der Arbeitsintegration sowie Studierende eine kompakte und praxisnahe Orientierung zu Supported Employment erhalten und wertvolle Anregungen für ihre Arbeit in der Integration von Menschen mit Benachteiligungen mitnehmen können.

Teil I: Grundlagen

1. Arbeit finden und behalten mit Supported Employment

Menschen, die aufgrund ihrer gesundheitlichen Situation, aufgrund ihrer langen Arbeitslosigkeit, ihrer Herkunft oder ihrer Suchtvergangenheit einen erschwerten Zugang zum Arbeitsmarkt haben, will Supported Employment zu einer bezahlten Arbeit in eben diesem Arbeitsmarkt verhelfen. Wie soll das gehen? Wie unterscheidet sich Supported Employment von anderen Konzepten der Arbeitsintegration? Worauf basiert Supported Employment? Dieses Kapitel diskutiert die Definition und Merkmale von Supported Employment (Kapitel 1.1.). Dabei soll deutlich werden, was Supported Employment ausmacht, was dazu gehört, wenn man davon spricht. Das Unterkapitel 1.2. geht der Entstehung des Konzepts auf die Spur und zeigt in aller Kürze einige wichtige Entwicklungslinien von Supported Employment. Im Unterkapitel 1.3. werden schliesslich theoretische Bezüge hergestellt (1.3.1.) und es wird auf empirische Befunde zur Wirkung und Wirkungsweise von Supported Employment hingewiesen (1.3.2.).

1.1. Definition und Prinzipien von Supported Employment

Eine erste Orientierung zum Verständnis von Supported Employment bietet die vom europäischen Dachverband, der European Union of Supported Employment (EUSE), formulierte und verabschiedete Definition (2007, 13):
«Unterstützung von Menschen mit Behinderung oder von anderen benachteiligten Gruppen beim Erlangen und Erhalten von bezahlter Arbeit in Betrieben des allgemeinen Arbeitsmarkts.»
Die weite Definition der EUSE berücksichtigt, dass Supported Employment in der Praxis unterschiedlich umgesetzt wird. Unterschiedliche historische, kulturelle und politische Gegebenheiten determinieren die Möglichkeiten zur An-

wendung von Supported Employment in den verschiedenen Ländern. Dennoch werden in der Definition einige zentrale Merkmale von Supported Employment deutlich:

- Supported Employment richtete sich ursprünglich hauptsächlich an Menschen mit Lern- und geistiger Behinderung, damit sie – als Wahlmöglichkeit neben der Arbeit in der Werkstätte – Arbeit auf dem allgemeinen Arbeitsmarkt finden können. Menschen mit Behinderung sollten gemäss der EUSE damit die Möglichkeit erlangen, «Seite an Seite mit Menschen ohne Behinderung zu arbeiten» (EUSE 2007, 13). Mit der Zeit wurde Supported Employment dann sukzessive auch für andere Zielgruppen, die Schwierigkeiten beim Erlangen und Erhalten eines Arbeitsplatzes haben, angewendet (Doose 2007, 118), was im Passus «andere benachteiligte Gruppen» Ausdruck fand. Den unterschiedlichen Zielgruppen gemeinsam ist, dass sie als «nicht vermittlungsfähig» gelten (Rüst & Debrunner 2005, 36). Supported Employment richtet sich also durchaus an Personen mit erheblichen Schwierigkeiten und grenzt sich damit gegenüber der Arbeitsvermittlung ab, die in der Regel eine möglichst hohe Arbeitsmarktfähigkeit voraussetzt.
- Neben dem Erlangen von Arbeiten wird im Supported Employment immer auch der nachhaltige Verbleib im Arbeitsmarkt durch eine entsprechende und wenn nötig längerfristige Unterstützung durch einen Job Coach angestrebt. Die Unterstützung hat dabei individuell und flexibel, d. h. auf den jeweiligen Einzelfall bezogen, zu erfolgen (Doose 2007, 116).
- Supported Employment soll zu einer (der Leistung entsprechend) bezahlten Arbeit verhelfen. Die Bezahlung wird als wichtiger Bestandteil einer normalen Arbeit betrachtet. Die Forderung nach bezahlter Arbeit meint dabei keinesfalls, dass eine berufliche Integration nur dann gelungen ist, wenn diese zu einer Reduktion von Transferleistungen (z. B. IV-Rente) führt. Auch eine Anstellung mit tiefer Leistung und entsprechend tiefem Lohn ohne Auswirkung auf bestehende Transferleistungen entspricht dem Anliegen von Supported Employment. Zentral aus der Perspektive des Konzepts Supported Employment ist die Realisierung der Teilhabe am Arbeitsleben und nicht die Ablösung von Sozialversicherungsleistungen. Die Sichtweise deckt sich oft nicht mit den Anliegen oder Vorgaben der Behörden und finanzierenden Instanzen. So wird beispielsweise im Kontext der Invalidenversicherung (IV) eine berufliche Integration mit einer Rentenreduktion gleichgesetzt. Nur wer rentenreduzierend wieder arbeitet, gilt in der Rhetorik der IV als beruflich integriert. Zwischen den Erwartungen der Finanzierenden und dem Konzept ergibt sich somit ein potenzielles Spannungsfeld, das die Umsetzung beeinflusst.

- Die Zielgruppen sollen mit Unterstützung von Supported Employment auf dem allgemeinen Arbeitsmarkt arbeiten können. Als allgemeiner Arbeitsmarkt wird an dieser Stelle der «normale» Arbeitsmarkt verstanden, auf welchem Unternehmen aus betriebswirtschaftlichen Gründen Arbeitskräfte nachfragen und Arbeitnehmende diese anbieten (vgl. Begriffsdefinition in der Einleitung). Mit dem Anliegen wird deutlich gemacht, dass es im Supported Employment um die Integration in das Gemeinwesen und nicht um die Zugehörigkeit in einer besonderen Einrichtung geht (vgl. Standortpapier Supported Employment Schweiz, undatiert).

Paradigma *first place, then train*

Neben der Definition der EUSE als erste Annäherung wird in der Literatur zu Supported Employment auch stets auf das Prinzip von *first place, then train* hingewiesen und damit dem Anliegen, den unterstützten Personen einen möglichst direkten Zugang zum Arbeitsmarkt zu ermöglichen, Ausdruck verliehen. Im Unterschied zu den herkömmlichen Leistungen der Arbeitsintegration, welche über vorgängige Abklärungen, Vorbereitungen und Arbeitsintegrations- oder Trainingsprogramme eine Rückkehr in den Arbeitsmarkt anstreben *(first train, then place)*, hat Supported Employment eine möglichst direkte Rückkehr in den allgemeinen Arbeitsmarkt zum Ziel *(first place, then train)*. Klientinnen und Klienten sollen die Gelegenheit erhalten, möglichst unter normalen Bedingungen in einem Unternehmen zu arbeiten (Doose 2007, 116). Die notwendige Unterstützung beim Lernen und Arbeiten sollen sie im Arbeitsleben erhalten und nicht, indem man ihnen zuerst einen segregierten Trainingsarbeitsplatz zuweist (vgl. Standortpapier Supported Employment Schweiz, undatiert). Das Paradigma *first place, then train* bedeutet einen Richtungswechsel gegenüber der gängigen Praxis der Arbeitsintegration. Nicht nur herkömmliche Rehabilitationskonzepte (vgl. Übersichten in Bürgi 2009, 21ff.; Rüst & Debrunner 2005, 24ff.), sondern auch die Massnahmen der IV, der Arbeitslosenversicherung (ALV) und der Sozialhilfe beruhen auf der Annahme, dass Personen durch geeignete medizinische, therapeutische, agogische oder qualifizierende Massnahmen auf den (Wieder-)Einstieg vorbereitet werden müssen, und falls sie die Anforderungen des allgemeinen Arbeitsmarkts erfüllen, dort wieder eine Stelle erhalten (können). Diese als Stufenmodelle (vgl. dazu Bürgi 2009, 45ff.) bezeichnete Herangehensweisen sind in den letzten Jahren zunehmend in Kritik geraten, weil der Wiedereinstieg in den allgemeinen Arbeitsmarkt auch nach intensiven Förderungsmassnahmen im ergänzenden Arbeitsmarkt oftmals doch nicht gelingt (vgl. z. B. Schallberger & Wyer 2010, 23ff.; Bürgi 2009, 46; Aeppli & Ragni 2009, 11f.).

Arbeitsmarktfähigkeit als Zusammenspiel von Person und Umwelt

Erfahrungen mit Supported Employment zeigen, dass – trotz der Grenzen des Arbeitsmarkts (vgl. Kapitel 3.1.) – auch Personen mit erheblichen Beeinträchtigungen Aufgaben in Unternehmen wahrnehmen können, wenn es gelingt, passende Tätigkeiten in einem geeigneten Arbeitsumfeld zu finden und die erforderliche Unterstützung zu gewährleisten (vgl. Standortpapier Supported Employment Schweiz, undatiert). Damit wird deutlich, dass im Supported Employment Arbeitsmarktfähigkeit nicht an der Person festzumachen, sondern in Abhängigkeit mit der Umwelt zu verstehen ist. Im Konzept des Supported Employment werden arbeitsrelevante Einschränkungen und Fähigkeiten als in hohem Masse dynamisch und in Abhängigkeit und Wechselwirkung mit der Person, dem sozialen Umfeld und den gesellschaftlichen Rahmenbedingungen gesehen. Dieses Verständnis entspricht auch dem Wandel vom medizinischen zu einem biopsychosozialen Modell von Krankheit und Behinderung, welches nicht die funktionale Beeinträchtigung von Personen, sondern die Auswirkungen einer Beeinträchtigung im Austausch mit der Umwelt als Krankheit oder Behinderung begreift. Auf dem biopsychosozialen Modell von Krankheit und Behinderung baut auch die internationale Klassifikation ICF (International Classification of Functioning, Disability and Health) der Weltgesundheitsorganisation (WHO) auf (vgl. Rüst & Debrunner, 22ff.).

Werte und Prinzipien

Mit dem Bestreben, auch für Menschen mit Beeinträchtigungen Jobs im allgemeinen Arbeitsmarkt zu finden, ist auch ein gesellschaftliches Anliegen verbunden. So geht es im Supported Employment – über den Einzelfall hinaus – um die Möglichkeiten und Rechte zur beruflichen Teilhabe von Bürgerinnen und Bürgern, die nicht zu den Leistungsträgern der modernen Gesellschaft gehören. Stefan Doose betont das Ziel der Teilhabe am Arbeitsleben und stellt dieses in Zusammenhang mit Inklusion. Inklusion beschreibt Doose (2009, 7f.) mit Verweisen auf Hinz (2008) als einen gesellschaftlichen Idealzustand, in dem Menschen mit und ohne Unterstützungsbedarf als eine heterogene Gruppe zusammenleben (vgl. auch Kühn & Rüter 2008, 13f.). In diesem Verständnis ist die Verschiedenheit die Normalität. Ein Unterstützungssystem im inklusiven Sinne würde allen Personen mit ihren unterschiedlichen Bedürfnissen zur Verfügung stehen und keine Klassifikation in «behindert oder «nicht behindert» erfordern (Doose 2009, 8).

Die vorgängigen Ausführungen machen deutlich, dass Supported Employment ein wertegeleiteter Ansatz ist. Die EUSE definiert in ihrem Grundlagenpapier (2007, 14) wie auch im Europäischen Werkzeugkoffer (Supported Employment Schweiz 2012, 12ff.) Werte und Prinzipien, die im Prozess von Supported Employment zu berücksichtigen sind:

- Individualität und Respekt: Jede Person wird mit ihren individuellen Interessen und Vorlieben sowie ihrer Verfassung und Lebensgeschichte als einmalig betrachtet und respektvoll unterstützt.
- Selbstbestimmung: Supported Employment hilft Menschen, ihre Interessen und Vorlieben zu nutzen, ihre Entscheidungen zu äussern und ihre Lebens- und Arbeitssituation entsprechend ihrer persönlichen Verfassung zu definieren.
- Fundierte Entscheidungen und Empowerment: Supported Employment unterstützt beteiligte Personen, damit sie die eigenen Möglichkeiten verstehen und in Einklang mit den eigenen Vorlieben und einem Verständnis für mögliche Konsequenzen eigenständige Entscheidungen treffen können.
- Vertraulichkeit, Flexibilität und Barrierefreiheit: Die Anbieter von Supported Employment behandeln die personenbezogenen Informationen vertraulich. Das Vorgehen wird flexibel gehandhabt und auf die Bedürfnisse der Klientinnen und Klienten angepasst. Informationen und Unterstützungsleistungen sind barrierefrei gestaltet (d. h. auch für Menschen mit Behinderung zugänglich).

Impulse aus dem IPS-Modell

In den 1990er-Jahren wurde in New Hampshire (USA) speziell für Personen mit psychischen Beeinträchtigungen das sogenannte «Individual Placement and Support System» (IPS) entwickelt und intensiv wissenschaftlich evaluiert (vgl. Kapitel 1.2. und 1.3.). IPS kann als zielgruppenspezifisches Modell von Supported Employment gesehen werden, das für die Entwicklung von Supported Employment insgesamt wichtige Impulse gegeben hat und gibt. IPS gilt aufgrund der wissenschaftlichen Entstehung als evidenzbasiert – d. h. auf nachweislichen bzw. beobachtbaren Tatsachen beruhend – wirksam.

Im IPS-Modell wird die enge Verzahnung der beruflichen Rehabilitation mit der psychiatrischen Behandlung betont. So ist die Supported-Employment-Fachperson im IPS immer Teil eines interdisziplinären Behandlungsteams (Becker & Drake 2003, 22 und 54f.).

Ein anderer Aspekt bezieht sich auf die Auswahl der Zielgruppen bzw. die Zugangsmöglichkeiten. Im IPS werden die Motivation und die Interessen der Klientinnen und Klienten als Zugangskriterium hervorgehoben. So sollen keine Personen durch vorgängige Assessments oder Ausschlusskriterien vom Zugang zu Supported Employment ausgeschlossen werden («zero reject») (Becker & Drake 2003, 80f.). Supported Employment soll allen Personen offen stehen, die im allgemeinen Arbeitsmarkt arbeiten wollen, aber ohne Unterstützung keine Chancen dazu hätten.

> *«Supported Employment focuses on work, not getting ready for work, not on having all of the skills before going to work, and not on meeting human services criteria before entering the competitive job market. The individual must simply want to work» (Wehman & Kregel 1998, 153).*

Die IPS-Vertreter Deborah R. Becker und Robert Drake befürworten auch ein konsequentes *first place, then train* (2003, 35), während andere Exponenten wie William Anthony (1987) und Rainer Trost (1997) bei psychischen Beeinträchtigungen ein vorgängiges Training in der Regel für notwendig halten (in Rüst & Debrunner 2005, 37). Die beiden Schweizer Supported-Employment-Modellprojekte der Psychiatrischen Universitätsklinik Zürich (PUK) und der Universitären Psychiatrischen Klinik Bern (UPD), welche sich ebenfalls am IPS orientieren, widerspiegeln die beiden Sichtweisen exemplarisch: Während das Supported Employment der PUK eine direkte Platzierung anstrebt, sieht das Job-Coach-Placement der UPD eine vorbereitende Trainingsphase vor.

Begrifflichkeiten

In Deutschland wird Supported Employment in der Regel in die deutsche Sprache übersetzt und als *Unterstützte Beschäftigung* bezeichnet. Supported Employment Schweiz, die nationale Vereinigung für Supported Employment der Schweiz, hat, statt der deutschen Übersetzung, den englischsprachigen und international gebräuchlichen Begriff für die Schweiz übernommen (vgl. Standortpapier Supported Employment Schweiz, undatiert). Gegen die deutschsprachige Übersetzung sprach, dass der Begriff *Beschäftigung* in der Schweiz oftmals im Zusammenhang mit nicht erwerbsorientierter Arbeit im ergänzenden Arbeitsmarkt verwendet wird. Entsprechend könnte *Unterstützte Beschäftigung* missverstanden werden. Tatsächlich wird in der Schweiz bis heute kaum von *Unterstützter Beschäftigung* gesprochen. Verbreitung gefunden hat hingegen der Begriff *Job Coaching*. Die Begrifflichkeit und deren Verwendung in der Schweiz kann allerdings nicht per se mit Supported Employment gleichgesetzt werden. Mit *Job Coaching* wird wahlweise das Konzept Supported Employment, nur eine Phase daraus (in der Regel die Phase der Unterstützung am Arbeitsplatz) oder eine Coaching-Tätigkeit ohne Bezug zu Supported Employment bezeichnet. Es gilt deshalb jeweils im Einzelfall zu klären, wie die Bezeichnung *Job Coaching* verwendet wird. Die personalisierte Form *Job Coach* wird hingegen sehr oft für die Fachperson verwendet, welche Supported Employment umsetzt. Auch in dieser Publikation wird die Supported-Employment-Fachperson in der Regel als *Job Coach* bezeichnet.

Das Vorgehen im Supported Employment im Überblick

Das Vorgehen im Supported Employment wird in der Literatur nach Phasen strukturiert. Je nach Autorenschaft werden zwischen drei (Rüst & Debrunner 2005, 53) und sechs (Doose 2007, 119) Phasen benannt. In Anlehnung an Becker und Drake (2003) wird der Supported-Employment-Prozess in dieser Publikation in vier idealtypische Phasen gegliedert (vgl. ausführlich in Kapitel 5.):

- Orientierung und Beauftragung
- Erarbeitung eines beruflichen Profils und Integrationsplanung
- Arbeitsplatzfindung und Vermittlung
- Unterstützung am Arbeitsplatz

Wie bereits ausgeführt, ist die Unterstützung am Arbeitsplatz, d. h. der Support nach der Vermittlung ein (zwingender) Bestandteil von Supported Employment. Dementsprechend vollzieht sich Supported Employment, zumindest ab der Phase *Arbeitsplatzvermittlung und Vermittlung*, im Dreieck zwischen der Klientin bzw. dem Klienten (hier auch als stellensuchende oder arbeitnehmende Person bezeichnet), dem Arbeitgebenden und dem Job Coach. In den meisten Fällen kommt eine finanzierende Instanz (auch als Kostenträger bezeichnet) in der Rolle als Ermöglicher und Auftraggeber hinzu. Gemäss Doose hat der Job Coach alle drei Akteure als Kunden zu betrachten: «Jede dieser Kundengruppen hat spezifische Erwartungen an Supported Employment» (2007, 117). Doose meint weiter, dass diese Kunden jeweils unterschiedliche «Welten» (Lebenswelt der Betroffenen, Wirtschaftswelt, Verwaltungswelt) mit unterschiedlichen Sprachen, Denkweisen und Handlungslogiken repräsentieren würden (2007, 117). Supported Employment bedingt den Umgang mit unterschiedlichen Erwartungen und die Vermittlung zwischen den Systemen und Personen. Die nachfolgende Grafik zeigt das Zusammenarbeitssystem mit den genannten Akteuren und ihren Kontexten, wobei zusätzlich die Arbeitskolleginnen und -kollegen am Arbeitsplatz *(natural support)* als wichtige Gruppe im Supported-Employment-Prozess abgebildet sind:

Abb. 1: Zusammenarbeitssystem im Supported Employment

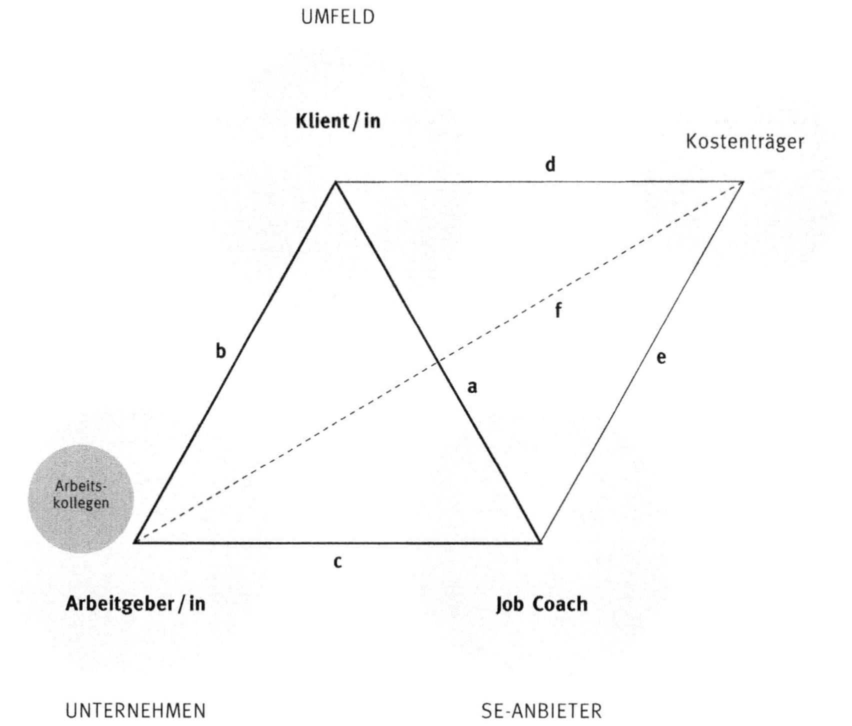

Legende

a Beziehung Klient/in – Job Coach
b Beziehung Arbeitnehmer/in – Arbeitgeber/in
c Beziehung Arbeitgeber/in – Job Coach
d Beziehung Kostenträger – Leistungsbezüger (Klient/in bezieht ggf. auch Transferleistungen, wie z. B. Taggeld)
e Beziehung Kostenträger – Leistungserbringer
f ggf. finanzielle Zuschüsse/Entlastung vom Kostenträger an den Arbeitgeber

Im Kapitel 5 wird näher auf die Aufgaben des Job Coaches sowie die Herausforderungen in diesem komplexen Zusammenarbeitssystem eingegangen.

1.2. Herkunft und Entwicklungslinien

Die historischen Wurzeln von Supported Employment liegen in den USA, wo das Konzept ca. seit den Achtzigerjahren im Rahmen verschiedener Modellprojekte entwickelt wurde (vgl. Rüst & Debrunner 2005, 36, und Doose 2007, 160). Eine Reihe von Gesetzen (vgl. dazu Doose 2007, 160f.), die 1984 mit dem «Developmental Disabilities Assistance and Bill of Rights Act» einen Anfang nahm, unterstützen die Entwicklung und Umsetzung von Supported Employment. Das Konzept richtete sich anfänglich an Personen mit Lern- und geistiger Behinderung. Im Vordergrund stand das Anliegen der Selbstbestimmung und Wahlfreiheit. Menschen mit Behinderung sollten die Möglichkeit für eine Teilhabe am Arbeitsleben und somit die Wahl zwischen einer Anstellung in einem besonderen Betrieb für Menschen mit Behinderung oder einem Betrieb des allgemeinen Arbeitsmarkts haben. Wichtig für die Entwicklung von Supported Employment in den USA war auch die universitäre Forschung, welche die Entwicklung von Modellprojekten unterstützte. In den Neunzigerjahren wurde in New Hampshire das «Individual Placement and Support System» (IPS) für Menschen mit psychischen Beeinträchtigungen entwickelt und intensiv evaluiert (vgl. Kapitel 1.1.). Diverse Untersuchungen zum IPS dokumentieren eine raschere Integration bzw. höhere Integrationsquote im Vergleich zu herkömmlichen Rehabilitationskonzepten (vgl. dazu auch Kapitel 1.3.2.). Daneben wurde die Entwicklung von Supported Employment auch massgeblich von Betroffenenorganisationen wie beispielsweise der People-First-Bewegung beeinflusst. Die ausgeprägte Orientierung an Werten wie Individualität und Selbstbestimmung ist wesentlich auf den Einfluss dieser Bürgerrechtsgruppen zurückzuführen.

Neben den USA ist Supported Employment gemäss Rüst und Debrunner auch in Australien weit verbreitet (2005, 38). In **Europa** entstanden gemäss Doose in den Achtziger- und Neunzigerjahren die ersten Projekte (2007, 166). 1993 wurde die European Union of Supported Employment (EUSE) gegründet, worauf ab Mitte der Neunzigerjahre eine sprunghafte quantitative Entwicklung erkennbar war (Doose 2007, 166). Mit Fördermitteln aus dem europäischen Sozialfonds wurden Programme gefördert und der Austausch zwischen den Ländern ermöglicht. Mit den Aktionsprogrammen *Helios II* und vor allem *Leonardo* der Europäischen Union wurden dann grössere Projekte lanciert, so zum Beispiel das *Quip-Projekt* (vgl. Giedenbacher, Stadler-Vida & Strümpel 2003), in dem Qualitätskriterien für Supported Employment aus der Sicht der verschiedenen Beteiligten entwickelt wurden.

In einigen Ländern ist Supported Employment inzwischen ein Teil der Beschäftigungspolitik geworden und entsprechend gesetzlich verankert. In anderen Staaten ist Supported Employment durchaus verbreitet, aber noch nicht gesetzlich und sozialpolitisch verankert (Doose 2007, 167). Dazu kann auch die Schweiz gezählt werden.

In einer neueren Studie (2012) der Europäischen Union in Zusammenarbeit mit einem Arbeitsforschungsinstitut in Norwegen (Cowi) wurde die Anwendung von Supported Employment in 30 europäischen Ländern untersucht. Die Untersuchung zeigt, dass der Begriff Supported Employment in den Ländern viele verschiedene Formen angenommen hat (European Commission 2012, 23). Supported Employment hat in vielen Ländern noch immer Pilotprojekt-Charakter und erscheint als «eine Art experimentelles Projekt» (25). Die Autorinnen und Autoren weisen auf die Wichtigkeit einer geklärten Finanzierung und eines nationalen Rahmens für Supported Employment hin (25).

In der **Schweiz** sind die ersten Spuren von Supported Employment auch bereits in den 1980er-Jahren zu finden. Ein früherer Impuls ging, gemäss Thomas Rüst und Annelies Debrunner, von einem Unternehmen aus (2005, 48): Möbel Pfister entschied 1981 aus Anlass eines Firmenjubiläums, «beschützte» Arbeitsplätze für Psychiatriepatienten zu schaffen (49). Beschützte Arbeitsplätze meinte in diesem Fall zusätzlich geschaffene Stellen im Betrieb, die mit einem Lohn entsprechend der Leistung (und allfälliger Ergänzung der IV) bezahlt wurden. Das Projekt wurde mit zwölf Stellen umgesetzt und von einer interdisziplinären Arbeitsgruppe konzeptionell begleitet, die auch ein Handbuch erstellte (Möbel-Pfister 1985). In den Folgejahren entstanden einige Projekte und Fachstellen, die in und mit Unternehmen angepasste Arbeitsplätze realisierten (Rüst & Debrunner 2005, 50). Daneben wurden ebenfalls seit den 1980er-Jahren erste Angebote als Anschluss an berufliche Massnahmen der IV erprobt. Man stellte fest, dass mit den Abklärungs- und Trainingsprogrammen in vielen Fällen eine gute Ausgangslage für die Integration geschaffen werden konnte, es aber oftmals einer viel längeren Begleitung und Unterstützung bedurfte, um einen Wiedereinstieg in den allgemeinen Arbeitsmarkt zu ermöglichen (50). Die so entstandenen Anschlusslösungen und Angebote zur Nachbegleitung (nach beruflichen Massnahmen) waren den Merkmalen von Supported Employment sehr ähnlich, ohne dass dabei aber auf das Konzept Bezug genommen wurde. Im Gegensatz zu Entwicklungen in anderen Ländern richteten sich die Supported-Employment-Projekte in der Schweiz lange Zeit an psychisch beeinträchtigte Personen. Auch die beiden wissenschaftlich orientierten Supported-Employment-Modellprojekte der Psychiatrischen Universitätsklinik Zürich und der Universitären Psychiatrischen Dienste Bern, welche ab 2002 realisiert wurden, sind in diesem Anwendungsbereich zu verorten. In den letzten zehn Jahren sind schliesslich sukzessive auch Angebote für andere Zielgruppen – beispielsweise für Menschen mit kognitiven Beeinträchtigungen oder langzeitarbeitslose Personen – entstanden. Supported Employment als Begriff und Orientierung in die Diskussion gebracht hat aber vor allem die Nationalfonds-Studie von Thomas Rüst und Annelies Debrunner (2005).

1.3. Theoretische Bezugspunkte und empirische Erkenntnisse

Supported Employment kann als offenes und interdisziplinäres Konzept verstanden werden und folgt dementsprechend auch nicht einer bestimmten wissenschaftlichen Theorie oder Disziplin. So sind zu verschiedenen Aspekten von Supported Employment Bezugspunkte zu Theorien zu erkennen, welche im nachfolgenden Unterkapitel 1.3.1. in aller Kürze benannt werden. In der Fachliteratur wird insgesamt wenig – oder zumindest nicht explizit – auf theoretische Grundlagen verwiesen. Das mag daran liegen, dass Supported Employment wesentlich aufgrund von Erfahrungen von Fachpersonen und Betroffenen bzw. aufgrund von deren Unzufriedenheit mit den herkömmlichen Möglichkeiten zur Arbeitsintegration entstanden ist. Rüst und Debrunner stellen fest, dass die berufliche Integration traditionell weniger wissenschaftlich als praxisorientiert ausgerichtet ist (2005, 21). Selbst die universitären Professoren und Begründer des IPS-Modells haben stark auf die praktische Erprobung gesetzt. Becker und Drake bezeichnen den Entwicklungsprozess von IPS, in dem sich praktische Erprobung und empirische Untersuchung ergänzen, als kollaborativen Empirismus *(collaborative empiricism)* (2003, 18). Im Unterkapitel 1.3.2. wird auf einige empirische Befunde zu Supported Employment hingewiesen.

1.3.1. Theoretische Hintergründe von Supported Employment

Da sich Supported Employment nicht einer bestimmten Disziplin oder Theorie zuordnen lässt, sind theoretische Bezüge auf verschiedenen Ebenen und zu unterschiedlichen Anwendungskontexten möglich. Nachfolgend werden zu zentralen Aspekten von Supported Employment (vgl. Kapitel 1.1.) Hinweise auf Theorien und Konzepte gemacht.

Verständnis von Krankheit und Behinderung

Im Zusammenhang mit Supported Employment für Menschen mit Behinderung wird oftmals auf das theoretische Verständnis von Behinderung eingegangen und darauf verwiesen, dass dem Konzept ein **biopsychosoziales Verständnis von Krankheit und Behinderung** – oder Behinderung als soziales Konzept, wie Rüst und Debrunner schreiben (2005, 22ff.) – zugrunde liegt (vgl. Kapitel 1.1.). Behinderung wird dabei dynamisch gefasst und als «Ergebnis behindernder Zusammenhänge oder Prozesse gesehen, an denen die Person mit ihrer individuellen Geschichte und ihrer gesundheitlichen Integrität ebenso beteiligt ist wie der jeweilige Kontext mit seinen materiellen und gesellschaftlichen Bedingungen» (Rüst & Debrunner, 23). Einfluss genommen auf das Verständnis von Krankheit bzw. Gesundheit im Supported Employment hat auch der **salutogenetische Ansatz von Aron Antonovsky** (1997). Die Salutogenese richtet den Fokus nicht auf die

Krankheit und das, was krank macht (Risikofaktoren), sondern auf die Faktoren, welche dazu beitragen, dass Individuen trotz Belastungen und Stress gesund bleiben können (Widerstandskraft). Als zentrale Widerstandsressource erachtet Antonovsky das Kohärenzgefühl *(sense of coherence)*, das es dem Einzelnen ermöglicht, sein Leben zu verstehen (kognitiver Aspekt), sein Leben selber zu gestalten (instrumenteller Aspekt) und den Dingen im Leben einen Sinn zu geben (emotional-motivationaler Aspekt) (Antonovsky 1997).

Selbstbestimmung und -befähigung

In engem Zusammenhang mit den theoretischen Zugängen zum Verständnis von Behinderungen und Krankheiten stehen Recovery und Empowerment, welche sich insbesondere auf Ressourcen von Personen beziehen und die Ermächtigung der Betroffenen zum Ziel haben. Mit Empowerment und Recovery lassen sich die im Supported Employment wichtigen Prinzipien der Wahlmöglichkeit und der Selbstbestimmung begründen und konkretisieren.

Das **Recovery-Konzept** basiert wesentlich auf den subjektiven Erfahrungen Psychiatrieerfahrener und ihrer eigenen Genesungsprozesse (Rüst & Debrunner 2005, 21). Anthony (1993) beschreibt Recovery als einen persönlichen Prozess – mit begleitenden Menschen an der Seite –, in dem es darum geht, dem Leben einen neuen Sinn und ein neues Ziel zu geben (in Rüst & Debrunner 2005, 21). «Recovery ist das, was psychisch beeinträchtigte Menschen selber leisten. Behandlung, Rehabilitation und andere Hilfestellungen unterstützen sie dabei und können den Prozess fördern» (Rüst & Debrunner 2005, 21).

Empowerment bedeutet nach Herringer Selbstbefähigung und Selbstbemächtigung und zielt kurz formuliert auf die (Wieder-)Herstellung von Selbstbestimmung über die Umstände des eigenen Alltags ab (2002, 18). Schwab und Theunissen bemerken, dass es kein akzeptiertes Verständnis von Empowerment gibt (2009, 26). Sie verstehen Empowerment als Handlungskonzept für die Inklusionsarbeit und nennen – analog zu Herringer (2002, 12) – vier Zugänge (Schwab & Theunissen, 2009, 26):

- Lebensweltlich: Empowerment verweist auf die individuellen Selbstverfügungskräfte, ihre Stärken und Ressourcen, die es Einzelnen ermöglichen, ihre Lebensumstände zu kontrollieren und eine selbstbestimmte Lebensregie zu führen.
- Politisch: Damit verweist Empowerment auf die strukturell ungleiche Verteilung von politischer Macht bzw. auf Personen oder Gruppen von Menschen, die sich vor diesem Hintergrund mehr demokratisches Partizipationsvermögen und politische Entscheidungsmacht aneignen.
- Reflexiv: Empowerment als die aktive Aneignung von Kraft und Gestaltungs-

vermögen kennzeichnet den Prozess der Selbstermächtigung und der Selbstaneignung von Lebenskräften.

- Transitiv: Damit wird der Aspekt des Ermöglichens, der Unterstützung und Förderung von Selbstbestimmung durch andere gemeint. Damit verweist Empowerment auf eine professionelle Praxis, die den unterstützten Menschen hilft, Vertrauen in sich selbst zu haben, Fähigkeiten zu entwickeln und eigene Stärken zur autonomen Lebensgestaltung und Kontrolle der Lebenswelt nutzen zu können.

Person und Umfeld

Mit der Betonung des Umfelds und der konsequenten Beachtung von Person und Umfeld im Supported Employment (vgl. Kapitel 1.1.) sind auch Ansätze aus der **Systemtheorie** von Relevanz. Stefan Doose bezieht sich in seiner Publikation von 2007 auf den ökosystemischen Ansatz von Urie Bronfenbrenner (1981) (in Doose 2007, 23ff.). Seine *Ökologie der menschlichen Entwicklung* befasst sich mit der menschlichen Entwicklung, welche immer unter den Bedingungen und in aktiver Auseinandersetzung mit der Umwelt stattfindet. Bronfenbrenner unterscheidet fünf verschiedene Systemebenen, welche die Lebensbereiche einer Person, die Verbindung zwischen den Lebensbereichen sowie die Einflüsse von weiteren Umwelten beinhalten. Dazu formuliert er Hypothesen, was die Entwicklung einer Person fördern kann. Doose ist der Meinung, dass mit der Arbeit von Bronfenbrenner ein brauchbares Instrumentarium zur Beschreibung von Übergangsprozessen in der Arbeitsintegration sowie bezüglich der Bedeutung des Unterstützungsnetzwerks vorliegt (2007, 28). Kritisiert wird das Modell von Bronfenbrenner dahingehend, dass darin nur formal argumentiert wird und gesellschaftliche Machtmechanismen nicht berücksichtigt werden (Doose 2007, 28). Die Theorie der *Ökologie der menschlichen Entwicklung* von Bronfenbrenner ist in Bezug auf Supported Employment insgesamt eher als Analysefolie (zu den erwähnten Aspekten) und nicht als theoretische Begründung oder Herleitung des Konzepts im engeren Sinne zu betrachten.

Direkter Zugang zum Arbeitsmarkt

Die Ausrichtung von Supported Employment, einen möglichst direkten Zugang zu bezahlter Arbeit auf dem allgemeinen Arbeitsmarkt anzustreben (vgl. Kapitel 1.1.), kann auch mit **Stigma- und Labelingtheorien** (vgl. Übersichten in Bürgi 2009, 32ff.; Ochsner & Leuthard 2006, 23ff.) sowie mit der generellen (psychologischen) gesellschaftlichen und individuellen **Bedeutung des Partizipationsbereichs Arbeit** (vgl. Übersicht in Bürgi, 2009, 15ff.) begründet werden.

In Bezug auf Supported Employment mit psychisch beeinträchtigten Menschen ist an dieser Stelle zudem auf eine ganze Reihe von **Theorien über die Verläufe und Auswirkungen von psychischen Krankheiten** (vgl. Übersicht in Becker & Drake

2003, 19) hinzuweisen. Becker und Drake betonen mit Bezügen auf Anthony, Libermann, Rapp u. a. die Bedeutung des Umfelds und des Gemeinwesens und begründen damit, dass Unterstützungssysteme den Fokus von segregierten und institutionalisierten Settings hin zu integrierten, normalisierenden Settings im Gemeinwesen legen sollten (2003, 19).

1.3.2. Forschung zu Supported Employment

Empirische Ergebnisse zu Supported Employment liegen in erster Linie aus dem angloamerikanischen Raum vor. Aufgrund der unterschiedlichen Rahmenbedingungen (Gesetzgebung, Arbeitsmarkt, Sozialpolitik u. Ä.) sind diese allerdings nicht ohne Weiteres auf die Schweiz übertragbar, sodass die jeweilige Aussagekraft für den Schweizer Kontext kritisch zu prüfen ist. Nachfolgend wird auf ausgewählte Studien zur Wirkung und Wirkungsweise von Supported Employment aus den USA hingewiesen, wobei sich diese Forschungsarbeiten ausschliesslich auf Supported Employment mit psychisch beeinträchtigten Personen beziehen. Der zweite Abschnitt bezieht sich auf zwei Studien aus Deutschland zur Integration von Menschen mit Behinderung, bevor der dritte Abschnitt den Forschungsstand in der Schweiz beleuchtet. Im letzten Abschnitt wird schliesslich ein zusammenfassendes Fazit gezogen.

Studien aus dem angloamerikanischen Raum zu Wirkungen und Wirkungsweisen von Supported Employment mit psychisch beeinträchtigten Personen

Die bereits erwähnten Deborah R. Becker und Robert Drake haben zusammen mit Gary Bond und anderen Wissenschaftlern eine beachtliche Anzahl von Forschungsprojekten realisiert und Studien miteinander verglichen. Viele dieser Studien untersuchten die Integrationsquote von Supported-Employment-Programmen (meist Programme nach dem IPS-Modell) im Vergleich mit herkömmlichen Massnahmen, welche über vorgängige Trainings im ergänzenden/geschützten Arbeitsmarkt eine Rückkehr in den allgemeinen Arbeitsmarkt anstreben.
In einer neueren Metastudie von Bond, Drake und Becker (2008, 280ff.) wurden elf randomisiert kontrollierte Studien aus den USA, Kanada, Australien und Europa, die den Anforderungen des IPS genügen, verglichen. In allen elf Studien haben deutlich mehr Stellensuchende mit Supported Employment eine Arbeit im allgemeinen Arbeitsmarkt gefunden als in den Kontrollgruppen (durchschnittlich 61 Prozent mit Supported Employment zu 23 Prozent in der Vergleichsgruppe). Auch an dieser Stelle muss darauf hingewiesen werden, dass «eine Stelle im allgemeinen Arbeitsmarkt gefunden zu haben» nicht damit gleichgesetzt werden kann, dass diese Personen dadurch in jedem Fall ein rentenreduzierendes Einkommen verdienen. Die Auswirkungen auf die Transferleistungen sind je nach Staat bzw. Sozialversicherungssystem sehr unterschiedlich. In der Studie waren

die Auswirkungen auf bereits bestehende Sozialversicherungsleistungen sehr gering. Ungefähr zwei Drittel der Personen, welche mit Supported Employment eine Anstellung gefunden haben, haben aber mindestens 20 Stunden pro Woche gearbeitet. Zudem wurde festgestellt, dass die Anstellung bei den Supported-Employment-Teilnehmenden rascher erfolgte als bei der Vergleichsgruppe. Die Nachhaltigkeit der Anstellung wurde in den elf Studien unterschiedlich lange untersucht. Durchschnittlich wurden im Vergleich mit der Kontrollgruppe insgesamt doppelt so lange Anstellungsdauern gemessen. Berücksichtigt man allerdings im Vergleich nur die Teilnehmenden, die überhaupt einen Arbeitsplatz gefunden haben, ergaben sich keine wesentlichen Unterschiede.
Eine deutlich höhere Chance auf eine Stelle im allgemeinen Arbeitsmarkt hatten im Vergleich mit der Kontrollgruppe auch die Supported-Employment-Teilnehmenden – ebenfalls Menschen mit psychischen Krankheiten – in einer grösseren Studie von Judith A. Cook (2008) aus den USA. Mit Supported Employment fanden 55 Prozent eine Stelle gegenüber 34 Prozent in der Kontrollgruppe (in Rüst 2008). In der Studie bestätigte sich, dass die lokalen Arbeitslosenzahlen einen signifikanten Einfluss auf die Vermittlungschancen haben. Trotzdem hatten die Supported-Employment-Teilnehmenden in Gebieten mit hoher Arbeitslosigkeit bessere Chancen als Stellensuchende der Kontrollgruppe in Regionen mit tiefer Arbeitslosigkeit (in Rüst 2008).
Gemäss Thomas Rüst lassen sich die beiden erwähnten Studien in die Tradition früherer Vergleichsstudien einreihen. Supported-Employment-Programme zeigen gemäss Rüst (fast) immer deutlich bessere Integrationserfolge im Vergleich zu herkömmlichen Vorgehensweisen zur beruflichen Rehabilitation (2008).
Im Zusammenhang mit den erwähnten Vergleichsstudien stellt sich die Frage nach den Unterschieden zwischen Supported-Employment-Programmen und den Vergleichsangeboten. Welches sind die Kriterien, damit ein Supported-Employment-Programm als solches gilt? Thomas Rüst schreibt zu Recht, dass jeweils benannt werden müsse, «was zu Supported Employment zählt und was nicht» (2008). Anhaltspunkt zu dieser Frage gibt die sogenannte *Fidelity Scale*, eine Art «Treue-Skala», die bereits ab 1997 entwickelt wurde (vgl. sites.dartmouth.edu/ips/). Mit dem Instrument kann standardisiert erhoben werden, inwiefern ein Supported-Employment-Angebot dem als evidenzbasiert geltenden IPS-Modell entspricht.
Corrigan et al. nennen für das IPS-Modell sieben «evidence-based principles» (2008): 1) Zero exclusion, 2) Integration of vocational and mental health services, 3) Benefits counseling, 4) Client preferences 5) Rapid job search 6) Followalong support, 7) Team-based services
2004 untersuchte Gary Bond, welche Prinzipien des IPS-Modells für Personen mit psychischen Beeinträchtigungen wirksam sind und somit Evidenz aufweisen. Als hoch relevant *(strong evidence)* erwiesen sich dabei zwei Prinzipien (345ff.):

- Fokussierung auf kompetitive Arbeit *(services focused on competitive employment)*, d. h. die Orientierung an (der Suche und Vermittlung von) bezahlter Arbeit im allgemeinen Arbeitsmarkt
- Direkte Stellensuche *(rapid job search)* ohne vorgängige Trainings- und Aufbauphasen

Studien aus Deutschland zu Supported Employment für Menschen mit Behinderung
Angesichts der erwähnten zufallskontrollierten Vergleichsstudien, die sich auf Personen mit psychischen Beeinträchtigungen beschränken, stellt sich die Frage, inwiefern die Wirksamkeit von Supported Employment auch auf andere Zielgruppen bzw. Anwendungsbereiche von Supported Employment zutreffen. Hinweise geben zwei Studien zu Supported Employment für Menschen mit Behinderung aus Deutschland. Diese sind zudem von Interesse, weil dabei auch die Nachhaltigkeit von Supported Employment untersucht wurde:

- In der Untersuchung von Kasselmann und Rüttgers (2005) wurden 125 von insgesamt 141 Personen, die von den Integrationsfachdiensten des Landschaftsverbands Westfalen-Lippe zwischen 1994 und 1997 in den allgemeinen Arbeitsmarkt vermittelt wurden, zu ihrer Situation acht Jahre nach der Vermittlung befragt. 66 Prozent der befragten Personen waren zum Zeitpunkt der Befragung immer noch im allgemeinen Arbeitsmarkt beschäftigt, davon knapp 41 Prozent im damals erstvermittelten Betrieb (81). Das restliche Drittel der Befragten war entweder in einer Werkstätte für Menschen mit Behinderung, erwerbslos oder bezog eine Rente. Weiter stellten Kasselmann und Rüttgers fest, dass ein gutes Verhältnis zu Arbeitskolleginnen und -kollegen sowie eine verlässliche Unterstützung durch diese für eine langfristige berufliche Integration entscheidend sind. Diejenigen Personen, welche langfristig im allgemeinen Arbeitsmarkt beschäftigt waren, hatten häufiger eine direkte Ansprechperson im Betrieb. Längerfristige Lohnkostenzuschüsse erwiesen sich in der Studie wiederum als nicht ausschlaggebend für die Stabilität des Arbeitsverhältnisses.
- Stefan Doose untersuchte in seiner Verbleibs- und Verlaufsstudie die langfristige Entwicklung von 251 Personen mit Lernbehinderung, die (aus Werkstätten) in den allgemeinen Arbeitsmarkt vermittelt wurden (2007). Auch in dieser Untersuchung befanden sich zwei Drittel der Personen durchschnittlich neun Jahre nach ihrer Vermittlung noch in Arbeitsverhältnissen im allgemeinen Arbeitsmarkt. Nach fünf Jahren waren es sogar noch 70 Prozent. Dabei sind vier von fünf Personen mit ihrer Arbeitssituation zufrieden oder sehr zufrieden, was sich auch auf die Zufriedenheit in anderen Lebensbereichen auswirkt. Vergleicht man diese mit der Zufriedenheit von Mitarbeitenden an geschützten Arbeits-

plätzen oder von arbeitslosen Personen, zeigen sich in fast allen untersuchten Lebensbereichen bessere Zufriedenheitswerte für die Arbeitenden im allgemeinen Arbeitsmarkt.

Forschungsstand in der Schweiz

Erste wissenschaftliche Erkenntnisse zu Supported Employment in der Schweiz ergaben sich aus einer Nationalfonds-Studie von Thomas Rüst und Annelies Debrunner (2005). In der Studie wurden die bis dahin bestehenden Projekte dokumentiert und das erarbeitete Praxiswissen erfasst und aufgearbeitet. Die entsprechenden Ergebnisse sind an diversen Stellen in diese Publikation eingeflossen.

Daneben gibt es wissenschaftlich publizierte Ergebnisse zu Wirkungen aus den beiden erwähnten Modellprojekten der PUK Zürich und der UPD Bern (vgl. Kapitel 1.1.). Das Supported-Employment-Programm der PUK Zürich war Teil einer europäischen zufallskontrollierten Studie (EQOLISE-Trial). In insgesamt sechs europäischen Städten – mit unterschiedlichen arbeitsmarktlichen und sozialpolitischen Rahmenbedingungen – wurde während 18 Monaten bei insgesamt 312 Personen mit psychischen Beeinträchtigungen der Rehabilitationsverlauf mit und ohne Supported Employment verglichen. Ähnlich wie in den erwähnten angloamerikanischen Studien konnten auch in dieser Untersuchung wesentlich mehr Personen mit Supported Employment in den allgemeinen Arbeitsmarkt vermittelt werden als in der Vergleichsgruppe (54 Prozent gegenüber 27 Prozent in der Vergleichsgruppe) (vgl. Burns & Catty 2008, 313ff.; Burns et al. 2008, 949ff.). Zudem hatten Supported-Employment-Teilnehmende wesentlich weniger Klinikeintritte. Es bestätigte sich aber auch hier, dass lokale Arbeitslosenzahlen einen erheblichen Einfluss auf die Vermittlungserfolge haben. Das Berner Job-Coach-Placement-Programm der UPD wird ebenfalls in einer zufallskontrollierten Vergleichsgruppenuntersuchung mit den bestmöglich verfügbaren Wiedereingliederungsprogrammen, welche zuerst trainieren und dann platzieren, verglichen. Nach zwei Jahren waren in der Supported-Employment-Gruppe 46 Prozent gegenüber 17 Prozent in der Vergleichsgruppe kompetitiv angestellt (Brieger & Hoffmann 2012, 843). Die Fünfjahresergebnisse der Studie sind noch nicht publiziert.

Fazit

Die Übersicht zu den Studien zeigt, dass es – zumindest bei kognitiv oder psychisch beeinträchtigten Personen – mit Supported Employment besser gelingt, Menschen in Arbeit auf dem allgemeinen Arbeitsmarkt zu bringen als mit den herkömmlichen Konzepten, die ein vorgängiges Training in Programmen des ergänzenden Arbeitsmarkts vorsehen. Damit – und das muss deutlich gesagt werden – ist allerdings noch nichts über die Rahmenbedingungen und den Lohn dieser Anstellungen gesagt. Am Beispiel der Studie zum Job Coach Placement der UPD Bern zeigt sich, dass in der Vergleichsgruppe zwar deutlich weniger Personen eine Arbeit finden, diese aber mehr verdienen als Personen, welche über Supported Employment eine Anstellung finden. Man könnte kritisch argumentieren, dass Supported Employment die Teilnehmenden vor allem dann erfolgreich in den allgemeinen Arbeitsmarkt bringt, wenn weiterhin Renten oder andere sozialstaatliche Leistungen bezahlt werden oder zumindest die bestehenden Leistungsverminderungen abgefedert werden können. Wie man auch argumentieren mag – es wird deutlich, dass sich die hohen Integrationsquoten der erwähnten Studien nicht eins zu eins auf Anwendungsbereiche übertragen lassen, in denen ein längerfristiger Lohnzuschuss oder eine Teilrente in Ergänzung zur Anstellung nicht vorgesehen ist. Dieser Umstand scheint mir insbesondere für Verwaltungen und andere finanzierende Instanzen wichtig, damit keine überhöhten Erwartungen an Supported Employment und an die darin involvierten Personen entstehen. Auch Supported Employment hat – angesichts der faktisch fehlenden Arbeit (vgl. Kapitel 3.1.) – in der Vermittlung von Anstellungen im allgemeinen Arbeitsmarkt nur beschränkte Möglichkeiten. Diese limitierende Wirksamkeitseinschätzung ist nicht gegen Supported Employment gerichtet. Vielmehr unterstreicht sie das zentrale Anliegen des Konzepts: Statt rascher Ablösung von sozialstaatlicher Unterstützung geht es um die Möglichkeit zur Teilhabe an Arbeit – und zwar dort, wo andere auch arbeiten. Und das – so zeigen die Studien – kann Supported Employment besser leisten als andere Konzepte.

Fallporträt 1: Arbeiten trotz Krankheit

Als Frau Peter (Name geändert) 2005 die Diagnose Multiple Sklerose (MS) erhielt, war ihr sofort klar, dass sie ihren Beruf als Köchin nicht mehr lange würde ausüben können. Die damals 25-Jährige wusste, dass sich die entzündliche Erkrankung des Nervensystems nicht mit ihrer körperlich fordernden Arbeit in der Küche vereinbaren lassen würde. Was jetzt? Frau Peter sagt, dass sie die Krankheit relativ schnell akzeptieren konnte und nach vorne schaute. Die berufliche Zukunft betreffend wünschte sich Frau Peter eine kaufmännische Tätigkeit, am liebsten an einem Empfang mit Kontakt zu Kunden. Die Invalidenversicherung (IV) war nach anfänglicher Ablehnung schliesslich bereit, Frau Peter eine Umschulung zu ermöglichen. Sie absolvierte von 2006 bis 2009 die Handelsschule. Mit der Stellensuche nach Abschluss der Umschulung kam die grosse Ernüchterung: Frau Peter bemühte sich vergeblich um einen Job. Ohne Berufserfahrung und mit nur wenigen Fremdsprachenkenntnissen waren ihre Aussichten auf einen beruflichen Einstieg im kaufmännischen Bereich sehr klein. Frau Peter empfand die Arbeitsvermittlung der IV nicht als Hilfe. Schliesslich wurde das Dossier bei der IV geschlossen, Frau Peter galt als erfolgreich umgeschult. Sie meldete sich bei der Regionalen Arbeitsvermittlung (RAV) und bezog Arbeitslosentaggelder, fand aber weiterhin keine Anstellung. Als sich der Taggeldanspruch dem Ende zuneigte und die Aussteuerung drohte, meldete sich Frau Peter bei ihrem alten Arbeitgeber. Hier war sie willkommen, ihre Fähigkeiten in der Küche waren unbestritten und geschätzt. Der Tag, an dem sie den Arbeitsvertrag unterschrieb, war aber ein Tiefpunkt. «Ich fiel ich in eine Depression», schildert Frau Peter. Die Aussicht, eine Stelle anzutreten, die sie körperlich an ihre Grenzen bringen und langfristig keine Lösung darstellen würde, belastete sie sehr. Und doch wollte sie arbeiten, nicht noch weiter abrutschen. «Mein Leben», meint Frau Peter, «bestand in der Folge aus Arbeiten und Schlafen.» Die Multiple Sklerose nahm keinen schweren Verlauf, aber Müdigkeit und Erschöpfung – Symptome der Krankheit – setzten ihr zu. Dazu kamen finanzielle Probleme, welche die Situation zusätzlich belasteten. In einer Beratung bei der Pro Infirmis, welche sie wegen der Schulden aufsuchte, wurde Frau Peter auf das Integrationsangebot von Profil – Arbeit & Handicap aufmerksam gemacht. Sie zögerte zunächst, meldete sich aber schliesslich im Sommer 2011 bei der Fachstelle. Das Erstgespräch verlief positiv. «Man ist auf mich eingegangen», erinnert sich Frau Peter. «In der Anfangsphase ging es darum, die Ausgangslage zu verstehen und zu klären, ob die Zusammenarbeit passt», erklärt Silvio Bäuerle von Profil. In der Auseinandersetzung und den Gesprächen mit dem Job Coach realisierte Frau Peter, dass sie ihre belastende Anstellung als Köchin zuerst beenden musste, damit sie frei und bereit für den neuen Integrationsprozess war. Sie wagte es, informierte ihren langjährigen Arbeitgeber, bat um die Kündigung und meldete sich wieder beim RAV, wo sie wieder bezugsberechtigt war. Frau Peter sagt rückblickend, dass dieser Schritt sehr wichtig gewesen war und es ihr erst ermöglichte, nach vorne zu schauen. «In dieser Zeit änderte ich mein Leben, kämpfte mich aus der Depression und reduzierte mein Körpergewicht», schildert Frau Peter.

Gemeinsam mit Silvio Bäuerle reflektierte Frau Peter ihre berufliche Situation. «Mit der Handelsschule ins Kaufmännische einzusteigen ist bei den vielen Stellensuchenden in diesem Bereich schwierig», weiss Silvio Bäuerle. «Frau Peter war aber sehr offen. Sie war bereit, in den Prozess einzusteigen und auch die finanzielle Situation anzugehen, was eine Voraussetzung war», wie der Job Coach ausführt. Für das Assessment holt Profil jeweils berufliche, medizinische und soziale Referenzen ein. «Wir tragen alle Aussagen zusammen und besprechen diese mit den Klientinnen und Klienten.» Der Vergleich zwischen Selbst- und Fremdwahrnehmung ist bei Profil wichtig. Die Ergebnisse werden in einem Bericht festgehalten und für die Erarbeitung eines Fähigkeitsprofils genutzt. Auch im Fall von Frau Peter entwickelten die beiden auf der Basis von Assessment und Fähigkeitsprofil schliesslich einen konkreten Massnahmenplan bzw. eine Strategie für die Integration: Nicht eine klassische Sachbearbeitung, sondern eine kaufmännische Tätigkeit an einem Empfang mit Kundenkontakt sollte es sein. Zudem wollten sie sich auf kaufmännische Stellen in der Gastro- und Hotelleriebranche fokussieren, weil Frau Peter in diesem Bereich bereits Know-how mitbrachte. An der Stellensuche beteiligten sich beide. «Ich machte meine Bewerbungen und Silvio Bäuerle nutzte seine Kontakte und sein Beziehungsnetz», erklärt Frau Peter. An den regelmässigen Besprechungsterminen wurden die Ergebnisse der Anfragen ausgetauscht und das weitere Vorgehen vereinbart. Frau Peter schätzte dieses Miteinander sehr. «Ich bekam konkrete Hilfe.» Frau Peter war motiviert und wurde allmählich zuversichtlicher, dass es klappen würde.

Schliesslich fand sich eine Option. Eine Fachstelle im Sozialwesen meldete bei Profil, dass sie eine Mitarbeiterin Administration in einem 50- bis 60-Prozent-Pensum suchen würden und sich vorstellen könnten, auch jemandem mit einem gesundheitlichen Handicap eine Chance zu geben. Silvio Bäuerle schlug dem Arbeitgeber Frau Peter vor, die sich neben einer anderen Bewerberin vorstellen konnte. Der Arbeitgeber war interessiert, hatte aber auch viele Fragen. Was würde die Krankheit MS bedeuten? Wäre Frau Peter genug leistungsfähig? Silvio Bäuerle informierte – in Absprache mit Frau Peter – den Arbeitgeber über die möglichen Einschränkungen, aber ebenso über ihre Fähigkeiten. Der Arbeitgeber schätzte, dass er transparent informiert wurde. «Silvio Bäuerle ist konkret auf unser Anforderungsprofil eingegangen», sagt der Arbeitgeber. Wichtig war zudem, die anstellungs- und versicherungsrelevanten Aspekte gründlich

zu klären. In Zusammenarbeit mit Frau Peter und dem RAV wurde besprochen, wie man den Einstieg mit Leistungen der Arbeitslosenversicherung ermöglichen könnte. Gleichzeitig schnupperte Frau Peter bei der Fachstelle. Es war zwar nicht wie geplant die Gastronomiebranche, aber die Arbeit am Empfang gefiel Frau Peter auf Anhieb. Sie wollte die Stelle, auch wenn sie sich eigentlich ein höheres Pensum gewünscht hätte. «Diese Flexibilität war wichtig und alles andere als selbstverständlich», stellt der Job Coach klar. Es klappte. Frau Peter konnte mit einem von der Arbeitslosenversicherung finanzierten dreimonatigen Ausbildungspraktikum beginnen. Für den Arbeitgeber hatte diese Lösung den Vorteil, dass er Frau Peter kennenlernen konnte und erst nach drei Monaten ein Vertragsverhältnis eingehen musste. Frau Peter wiederum konnte sich in das neue Aufgabengebiet einarbeiten und bewahrte sich die Chance zur Anstellung. Silvio Bäuerle begleitete die Einarbeitungs- und Einstiegsphase und war bei Probezeit- und Standortgesprächen dabei. Frau Peter überzeugte und wurde nach drei Monaten definitiv in eine Festanstellung übernommen. «Sie war sehr motiviert, arbeitete zuverlässig und wir sahen, dass sie Entwicklungspotenzial hat», erinnert sich der Vorgesetzte. Das Pensum konnte sogar noch erhöht werden, sodass Frau Peter heute ihr Wunschpensum von 80 Prozent hat und genug verdient, um von der Arbeitslosenversicherung unabhängig zu sein. Silvio Bäuerle blieb auch nach der Anstellung mit Frau Peter in Kontakt und fragte sporadisch nach, wie es ihr geht. Dabei hat er sukzessive losgelassen. «Die Situation ist sehr stabil, sodass ich mich darauf verlassen kann, dass sie auf mich zukommt, wenn etwas ist», meint Silvio Bäuerle. Eine erfreuliche Geschichte, die trotz eines Stellenangebots eines Arbeitgebers nicht einfach war. Auch in diesem Fall hatte der Arbeitgeber viele Bedenken und Fragen, als es konkret wurde. Silvio Bäuerle ist überzeugt, dass Vermittlungen nur gelingen können, wenn der Arbeitgeber einen Nutzen sieht – was nicht zwingend betriebswirtschaftlicher Gewinn sein muss. «Die Person muss aber ins Team passen und der Arbeitgeber muss merken, dass es aufgrund der Ressourcen und trotz Handicap klappen kann.»
«Frau Peter hat zwar eine schwere Krankheit und hatte bei der Anstellung noch keine kaufmännische Erfahrung. Sie war aber sehr offen, hatte Entwicklungspotenzial und die Bereitschaft, sich einzulassen, und das ist entscheidend», reflektiert der Job Coach. Finanziert wurde der ganze Prozess bzw. die Arbeit von Profil über verschiedene Kostenträger und er beruhte auf Rechtsgrundlagen, die jeweils einzelne Abschnitte bzw. Arbeiten im Prozess ermöglichten.
Und Frau Peter? «Ich bin beruflich an einem sehr guten Ort. Ich habe das, was ich wollte. Ich werde akzeptiert mit meiner Krankheit, werde gefragt, wie es geht, man nimmt Rücksicht», sagt sie. Der Arbeitgeber wiederum schätzt ihre Arbeit: «Sie ist eine echte Entlastung», freut sich ihr Vorgesetzter.
Gesundheitlich geht es ihr gut, der Job hatte positive Auswirkungen auf ihre

Gesamtsituation. «Ich bin sehr gestärkt aus dieser Situation gekommen und möchte mein Leben so weiterführen.» Und falls einmal schlechtere Zeiten kommen sollten, wird Frau Peter daran denken, wie schwierig ihre Situation schon mal war und dass es ihr trotzdem gelungen ist, diese zu bewältigen.

2. Supported Employment und Soziale Arbeit

Supported Employment ist kein Konzept aus der Küche der Sozialen Arbeit.[4] Es sind zwar durchaus Professionelle aus der Sozialen Arbeit als Job Coaches tätig und es werden auch Methoden der Sozialen Arbeit im Supported Employment angewendet. Die Entwicklung von Supported Employment erfolgte aber – wie die Ausführungen im Kapitel 1.2. zeigen – nicht oder nur partiell in der Community der Sozialen Arbeit. Trotzdem gibt es auf verschiedenen Ebenen Verbindungen und Bezugspunkte zwischen Supported Employment und Sozialer Arbeit.

Ein erster Bezugspunkt ergibt sich aufgrund des Gegenstands[5] der Sozialen Arbeit. Wenn Beat Schmocker die Soziale Arbeit als eine handelnde und reflexive Antwort auf alltagspraktische soziale Probleme (2011, 19) bezeichnet, wird damit auch deutlich, dass der Gegenstand und die Funktion, also der beabsichtigte Zweck der Sozialen Arbeit immer vor dem jeweiligen historischen und gesellschaftlichen Hintergrund zu begreifen ist. Das Verständnis von sozialen Problemen wandelt sich, wobei deren Definition ein Produkt gesellschaftlicher Aushandlungsprozesse ist (von Spiegel 2011, 25). Soziale Probleme sind soziale Konstruktionen. Bommes und Scherr (1996) setzen die Hilfebedürftigkeit als soziale Konstruktion in Bezug zu Luhmanns Theorie sozialer Systeme und speziell zu seiner Analyse von Exklusions- und Inklusionsmodi in modernen, differenzierten Gesellschaften (in von Spiegel 2011, 24f.; vgl. auch Luhmann 1995). Die Soziale Arbeit setzt ein, wenn gesellschaftliche Absicherungen nicht greifen

4 In dieser Publikation wird Soziale Arbeit mit Galuske (2007, 21) als Sammelbegriff für Sozialarbeit und Sozialpädagogik sowie Soziokulturelle Animation verwendet. Auf eine theoriegeleitete Differenzierung von Sozialarbeit, Sozialpädagogik und Soziokultureller Animation (vgl. dazu Husi & Villiger 2012) wird verzichtet.

5 Gegenstand meint das eigentliche Erkenntnisobjekt, worauf sich die theoretischen und praktischen Bemühungen richten.

oder Exklusionsdynamiken einsetzen (von Spiegel 2011, 26). Die Funktion der Sozialen Arbeit ist in diesem Verständnis einerseits die Inklusionsvermittlung und andererseits die Exklusionsvermeidung (von Spiegel 2011, 26). Mit Blick auf die Definition der International Federation of Social Workers kann der Auftrag der Sozialen Arbeit – neben dem expliziten Problembezug – auch auf die Ermächtigung von Menschen und die Ermöglichung eines gelingenden Zusammenlebens ausgeweitet werden. Auch vor dem Hintergrund weiterer Theorien der Sozialen Arbeit – zu nennen wäre beispielsweise die lebensweltorientierte Soziale Arbeit nach Hans Thiersch – bestätigt sich, dass Supported Employment dem Gegenstandsbezug und dem Auftrag der Sozialen Arbeit entspricht.

Ein weiterer Bezugspunkt zwischen Supported Employment und Sozialer Arbeit ist in Bezug auf die normativen Grundhaltungen und Arbeitsprinzipien zu erkennen. Silvia Staub Bernasconi postuliert die Soziale Arbeit als Menschenrechtsprofession (vgl. Staub-Bernasconi 1997 oder Schmocker 2006). Nicht nur die Befähigung von Einzelnen, sondern auch die Analyse und Bearbeitung von Machtstrukturen sind Aufgabe der Sozialen Arbeit. Auch im Supported Employment geht der Anspruch über die Unterstützung von einzelnen Personen hinaus. Supported Employment verfolgt das übergeordnete Anliegen, Personen mit Benachteiligung einen Zugang zum Arbeitsmarkt zu verschaffen und ihnen somit Teilhabe am Arbeitsleben als wichtiger Teil des gesellschaftlichen Lebens zu ermöglichen. Damit soll gesellschaftlichen Diskriminierungs- und Ausgrenzungsmechanismen entgegengewirkt werden.

Mit der Bezeichnung der Sozialen Arbeit als Menschenrechtsprofession wird auch klar, dass die Soziale Arbeit ethisch begründet handelt. Vergleicht man die Inhalte des Berufskodex, wie ihn der Berufsverband Avenir Social definiert hat (2010), mit den Prinzipien und Werten von Supported Employment (vgl. Kapitel 1.1.), ergeben sich viele Gemeinsamkeiten. In Bezug auf die Grundwerte bezieht sich sowohl die Soziale Arbeit als auch Supported Employment auf die Menschenwürde und die Menschenrechte. Grundsätze aus dem Berufskodex wie Selbstbestimmung, Partizipation, Integration und Ermächtigung (Avenir Social 2010, 9) überschneiden sich mit den Prinzipien von Supported Employment (vgl. Kapitel 1.1.). Auch die im Berufskodex formulierten Handlungsprinzipien der Sozialen Arbeit (10ff.) benennen Prinzipien, die auch im Supported Employment wichtig sind. Die Strukturmerkmale der Sozialen Arbeit, wie die doppelte Loyalitätsverpflichtung, die Nichtstandardisierbarkeit des Handelns (vgl. Kapitel 5.2.), die Koproduktion oder die Involviertheit der Professionellen als ganze Person (vgl. ausführlich Hochuli Freund & Stotz, 48ff.) haben auch im Kontext von Supported Employment Gültigkeit. Die Soziale Arbeit hat im Umgang mit diesen strukturellen Rahmenbedingungen ihres professionellen Handelns Methoden und Methodenkompetenzen, die auch im Supported Employment Anwendung finden können.

Teil II: Umsetzung

3. Supported Employment in der Schweiz

Supported Employment stammt aus dem angloamerikanischen Raum (vgl. Kapitel 1.2.), wobei die weitere Entwicklung des Konzepts – speziell in Europa – massgeblich in internationalen Netzwerken vorangetrieben wurde. Was die Schweiz betrifft, gibt es noch wenig Literatur, welche die Umsetzung von Supported Employment in unserem Kontext und unter Berücksichtigung der Schweizer Rahmenbedingungen thematisiert. Die Forschungsarbeit von Thomas Rüst und Annelies Debrunner gab 2005 einen ersten wichtigen Impuls und dokumentierte die damals tätigen Fachstellen und laufenden Projekte. Ohne einen ähnlich umfassenden Anspruch einlösen zu können, werden in diesem Kapitel die aktuellen Voraussetzungen und Rahmenbedingungen für die Umsetzung von Supported Employment in der Schweiz diskutiert. Im Unterkapitel 3.1. folgt eine Auseinandersetzung mit dem Arbeitsmarkt in der Schweiz und der damit verbundenen Frage, inwiefern im heutigen Arbeitsmarkt die Integration von Menschen mit Benachteiligungen überhaupt noch möglich ist. Das Unterkapitel 3.2. zeigt, in welchen Anwendungskontexten und für welche Zielgruppen Supported Employment in der Schweiz heute umgesetzt wird oder zumindest in Entwicklung ist. Schliesslich wird im Unterkapitel 3.3. auf die gesetzlichen Grundlagen und die Finanzierungsmöglichkeiten von Supported Employment in der Schweiz eingegangen.

3.1. Arbeitsmarkt in der Schweiz – Voraussetzungen, Möglichkeiten und Grenzen

Menschen mit Benachteiligungen bei der Integration in den allgemeinen Arbeitsmarkt zu unterstützen, bedingt Kenntnisse von und eine Auseinandersetzung mit den arbeitsmarktlichen Rahmenbedingungen. Wie lässt sich der Arbeitsmarkt in der Schweiz beschreiben? Welche Entwicklungen sind festzustellen? Welche Anforderungen stellt der Arbeitsmarkt an Erwerbstätige und Stellensuchende? Wie stehen die Chancen und Möglichkeiten von Menschen mit erschwertem Zugang zum Arbeitsmarkt? Nachfolgend werden wichtige Aspekte aufgegriffen und mit Bezug zum Supported Employment diskutiert.

Merkmale des Schweizer Arbeitsmarkts

Der Schweizer Arbeitsmarkt ist gekennzeichnet durch eine im internationalen Vergleich hohe Erwerbsquote, d. h. einen hohen Anteil von Erwerbstätigen in der Gesamtbevölkerung (Bundesamt für Statistik, 2012, 18), und eine tiefe Arbeitslosigkeit. Beides sind wichtige Indikatoren für einen stabilen und funktionierenden Arbeitsmarkt. Allerdings ist der Anteil an Langzeitarbeitslosen, also Stellensuchenden, welche über ein Jahr ohne Erwerbsarbeit sind, mit über einem Drittel[6] beträchtlich. Zudem fällt in der langfristigen Betrachtung der Arbeitslosenzahlen auf, dass die Arbeitslosigkeit am Ende jeder konjunkturellen Erholung auf einem höheren Niveau stehen bleibt als zuvor (Sheldon 2010, 17). Damit wird deutlich, dass trotz des relativ robusten Schweizer Arbeitsmarkts in den letzten 30 Jahren eine Sockelarbeitslosigkeit, d. h. ein konjunkturell und saisonal unabhängiger Anteil von Arbeitslosigkeit, entstanden ist und sukzessive wächst. Die Vollbeschäftigung ist längst Illusion geworden. Ein wesentlicher Teil davon lässt sich strukturell mit einem *Mismatch* zwischen dem Arbeitsangebot der Arbeitnehmenden und der Arbeitsnachfrage der Unternehmen erklären (Flügel 2009, 137). Gemäss Flügel besteht der *Mismatch* häufig darin, dass Arbeitslose nicht jene Qualifikationen mitbringen, die für die offenen Stellen benötigt werden (137). Der Anstieg der strukturellen Arbeitslosigkeit in der Schweiz ist gemäss Flügel klar erwiesen und für Arbeitnehmende spürbar, wobei bestimmte Bevölkerungsgruppen wie ältere Arbeitnehmende, Frauen und Ausländer besonders davon betroffen sind (138). Frick und Lampart stellen fest, dass das Wirtschaftswachstum die Unterbeschäftigung nicht beseitigen konnte (2007, 16). Vielmehr besteht gemäss Flügel ein Zusammenhang zwischen dem Produktivitätswachstum und der Entstehung struktureller Arbeitslosigkeit (2009, 137; vgl. auch Sheldon 2010, 18). Eine produktive und effiziente Wirtschaft benötigt spezialisierte und passgenaue Arbeitnehmende, sodass gewisse Personengruppen (z. B. ohne Qualifikation o. Ä.) weniger gefragt sind. Eine (steigende) Sockelarbeitslosigkeit scheint der Preis für eine wachsende Wirtschaft zu sein.

6 Vgl. Website des Bundesamts für Statistik. Gefunden am 26.02.2013 auf: http://www.bfs.admin.ch/bfs/portal/de/index/themen/01/07/blank/dos2/02/08.html

Strukturwandel

Die Entwicklung der Arbeitslosigkeit steht auch in Zusammenhang mit den strukturellen Veränderungen. So brachte der Strukturwandel der letzten Jahrzehnte erhebliche Veränderungen für die Gesamtwirtschaft und den Arbeitsmarkt in der Schweiz (Bundesamt für Statistik, 2011, 5).

Zu nennen sind insbesondere die steigenden Qualifikationsanforderungen. Besonders die Zunahme an Arbeitsplätzen im Dienstleistungsbereich sowie die fortschreitende Spezialisierung in der Industrie lässt die Nachfrage nach höher qualifizierten Arbeitskräften stetig steigen (Bundesamt für Statistik, 2011, 5). Mit dieser Entwicklung steigt auch die Bedeutung der Bildung sowohl als Schlüssel für den Einstieg als auch für den langfristigen Verbleib im Arbeitsmarkt. Die kontinuierlich steigenden Qualifikationsanforderungen bekommen unter anderem Berufseinsteiger zu spüren, die trotz abgeschlossener beruflicher Grundausbildung mit zusätzlichen Anforderungen bezüglich Berufserfahrung oder Weiterbildung konfrontiert werden (vgl. Sacchi & Salvisberg, 2011, 31). Betroffen sind aber auch ausländische Arbeitskräfte. Obwohl das Bildungsniveau der einwandernden Personen tendenziell gestiegen ist, verfügt ein wesentlicher Teil der ausländischen Erwerbsbevölkerung nach wie vor über einen eher tiefen Bildungsstand (Bundesamt für Statistik, 2011, 5). In diesem Zusammenhang sind auch Diskriminierungsmechanismen relevant (Frick & Lampart 2007, 36). So werden beispielweise ältere Arbeitnehmende oder Personen mit ausländischen Namen aufgrund der Merkmale Alter oder Namen benachteiligt.

Sheldon nennt neben der Tertiarisierung der Berufswelt, d. h. der Verschiebung von gewerblich-industriellen Tätigkeiten hin zu Dienstleistungsberufen, sowie der steigenden Nachfrage nach Höherqualifizierten zulasten von Geringqualifizierten auch den Verlust von einfachen, repetitiven Arbeitsplätzen (2010, 18) als Trend. Die Internationalisierung der Unternehmen sowie der allgemeine wirtschaftliche Druck führen dazu, dass solche Tätigkeiten vermehrt ins Ausland verschoben werden.

Der Strukturwandel brachte auch veränderte Beschäftigungsformen und flexibilisierte Arbeitsverhältnisse. Frauen sind deutlich öfter in flexibilisierten Arbeitsverhältnissen beschäftigt, was – neben anderen Gründen – zu der nach wie vor bestehenden Lohnungleichheit zwischen Frauen und Männern führt. Teilzeiterwerbstätige – insbesondere Frauen mit Kindern – sind häufiger von Unterbeschäftigung betroffen als andere Bevölkerungsgruppen (Bundesamt für Statistik, 2011, 5). Die neuste Publikation des Bundesamtes für Statistik zu Armut von Erwerbstätigen zeigt, dass die Arbeitsformen und -bedingungen wesentlich die Einkommenssituationen bestimmen. So gehören zur Risikogruppe der Working Poor – d. h. Menschen, die trotz Arbeit von Armut betroffen sind – Personen, die unregelmässig arbeiten, Selbstständige ohne Angestellte, Personen mit befristeten Arbeitsverträgen bzw. atypischen Arbeitsbedingungen sowie Arbeitnehmende im Gastgewerbe (Bundesamt für Statistik, 2012, 1f.). Solche Beschäftigungsformen gehören in die Zone der Prekarität, wie sie Robert Castel beschrieben hat (2000).

Lohnniveau, Einkommen und Gesundheit

Bei der Entwicklung der Löhne gibt es erhebliche Unterschiede. Während die hohen und sehr hohen Löhne in den letzten Jahren gewachsen sind, haben die mittleren und tiefen Löhne praktisch stagniert (Lampart & Gallusser 2011, 5; Mäder, Aratnam & Schilliger 2010, 39ff.). Da das Erwerbseinkommen (im Durchschnitt fast 90 Prozent) weitgehend auch das Haushalteinkommen bestimmt, ist die Schere zwischen finanziell gut gestellten Erwerbshaushalten und den Haushalten mit Einkommenssituationen im unteren Bereich entsprechend auseinandergegangen (Bundesamt für Statistik, 2011, 5).

Dabei ist das Einkommen auch eine wichtige Gesundheitsdeterminante. Die Möglichkeit, ein gesundes Leben führen zu können, wird durch ein ausreichendes Einkommen und soziale Einbettung beeinflusst (Bundesamt für Statistik, 2010, 5). Der Gesundheitszustand bzw. schlechte Gesundheit steht wiederum im Zusammenhang mit psychosozialen Risiken (u. a. Arbeitsplatzunsicherheit, Arbeitslosigkeit), wobei die Zusammenhänge in beide Richtungen wirken. So erhöht eine geschwächte Gesundheit das Risiko des Arbeitsplatzverlusts und der Arbeitslosigkeit, während der Verlust der Arbeit die Gesundheit verschlechtert und zur Verringerung des Selbstwertgefühls, der sozialen Kontakte und Wertschätzung anderer führt (Bundesamt für Statistik 2010, 6).

Arbeitsbedingungen

Relevant für eine nachhaltige Beschäftigung sind auch die Arbeitsbedingungen. Nicht nur bei Personen mit Beeinträchtigungen stehen die Bedingungen des Arbeitsplatzes und der Anstellung in engem Zusammenhang mit der Möglichkeit, arbeiten zu können. Gemäss einer Untersuchung der Europäischen Stiftung zur Verbesserung der Lebens- und Arbeitsbedingungen (Eurofound), an der sich 2010 zum zweiten Mal auch die Schweiz beteiligt hat, arbeiten Schweizer Beschäftigte flexibler und selbstbestimmter als die Arbeitnehmenden in den Ländern der EU (Krieger, Pekruhl, Lehmann & Graf, 2012, 7f.). Erwerbstätige in der Schweiz verfügen über einen sehr hohen Zeitspielraum (flexible Arbeitszeiten) und haben einen grösseren Handlungsspielraum sowie mehr soziale Unterstützung bei der Arbeit als die meisten Beschäftigten der Vergleichsländer. Die Arbeitszufriedenheit ist insgesamt hoch und neun von zehn Erwerbstätigen fühlen sich gesund. Arbeitstempo und Termindruck sind in der Schweiz allerdings überdurchschnittlich hoch und haben in den letzten fünf Jahren weiter zugenommen. Zudem hat der Anteil derer, die länger arbeiten, deutlich zugenommen (Krieger, Pekruhl, Lehmann & Graf, 2012, 7f.).

Die Leistungsgesellschaft und ihre Kehrseiten

Insgesamt entspricht die Schweiz damit ganz dem Bild der modernen Leistungsgesellschaft: Die Arbeit ist Quelle persönlicher Zufriedenheit und der individuelle berufliche Erfolg die Basis für gesellschaftliche Anerkennung. Die Leistung wird zum zentralen Wert. Die persönliche Arbeitsleistung dient nicht nur zur Sicherung des Lebensunterhalts, sondern auch, um sich selber zu verwirklichen und gesellschaftliche Anerkennung zu erlangen (Ronca, 2012, 18). Es liegt auf der Hand: Wenn die Arbeit und die Arbeitsleistung eine solch hohe Bedeutung haben, ist der Grat schmal. Wenn Arbeit fehlt oder Leistungen nicht wie gefordert erbracht werden können, sind nicht nur ökonomische Sicherheiten, sondern auch Identität, soziale Zugehörigkeit und Status gefährdet.

Eine Kehrseite der stark ausgeprägten Leistungsgesellschaft ist auch die individualisierte Zuschreibung von Erfolg und Misserfolg. Wer nicht imstande ist, die gewünschte Leistung zu erbringen, wird selbst dafür verantwortlich gemacht (Ronca, 2012, 18). «In dieser Logik ist selber schuld, wer nicht genug verdient, keine Karriere macht oder keine Stelle findet» (Salvisberg, zit. in Ronca 2012, 18). Problematisch an dieser individualisierten Sichtweise ist, dass gesellschaftliche Rahmenbedingungen und Ungleichheiten komplett ausgeblendet werden. Michael Nollert kritisiert in diesem Zusammenhang, dass teilweise selbst Professionelle der Sozialen Arbeit strukturelle Faktoren wie etwa konjunkturelle Arbeitslosigkeit, Verlagerung von Arbeitsplätzen, Chancenungleichheit, Sozialisationsdefizite usw. in ihrer Arbeit vernachlässigen (2010, 13). In der Praxis der Arbeitsintegration wird die individualisierte Sichtweise oftmals in Aussagen wie «der Klient/die Klientin ist selber verantwortlich» oder «jetzt liegt es an ihm/ihr» manifest.

Schlussfolgerungen für Supported Employment

Job Coaches sind in ihrer Arbeit aufgefordert, strukturelle Faktoren und Hemmnisse in der individuellen Unterstützungsarbeit zu berücksichtigen. Ob und wie Stellen gefunden werden können, ist weit weniger abhängig vom Erfolg oder Versagen von Job Coaches oder Stellensuchenden als von den Möglichkeiten des Arbeitsmarkts. In der konkreten Arbeit mit Einzelpersonen individuelle Lösungen zu finden, ohne aber den Einzelfall individualisiert zu betrachten (im Sinn von «jeder ist seines Glückes Schmied»), ist dabei zweifellos eine Herausforderung.

Nollert macht auch darauf aufmerksam, dass Erwerbsarbeit, insbesondere im Niedriglohnsektor, nicht a priori soziale Integration und höhere Lebensqualität bewirkt und dass es sozialpolitisch genauso sinnvoll ist, Unternehmen Anreize zu bieten, um Arbeitsplätze zu schaffen (2010, 13). Damit verweist er auf einen Aspekt, der auch in der Umsetzung von Supported Employment zentral ist. Supported Employment soll und darf nicht dazu führen, dass Stellensuchende auf die Anforderungen des Arbeitsmarkts «zurechtgebogen» werden. Stattdessen geht es darum, dass entsprechend den Möglichkeiten der Person passgenaue Arbeitsstellen gefunden und – nötigenfalls mit sozialstaatlicher Unterstützung – geschaffen werden. Im Zusammenhang mit der 6. Revision des IVG wurden diesbezüglich verschiedene Ansätze diskutiert und vor allem Massnahmen zur Risikominimierung und finanzielle Anreize für Arbeitgeber in die Gesetzesänderung aufgenommen.

Die Auseinandersetzung mit den arbeitsmarktlichen Rahmenbedingungen macht deutlich, dass das Finden und Schaffen von Arbeitsstellen für Personen, die nicht zu den Leistungsträgern der Arbeitsgesellschaft gehören, sehr schwierig ist. Klientinnen und Klienten von Supported Employment erfüllen die hochgesteckten Anforderungen des Arbeitsmarkts in der Regel nicht (mehr) oder benötigen langfristige Unterstützung und Nischen, um bestehen zu können. So erstaunt es nicht, dass der Anteil an Menschen mit Behinderungen im Arbeitsmarkt tief ist (Pärli, Lichtenauer & Caplazi 2007, 14) und diese Bevölkerungsgruppe im besonderen Masse von Arbeitslosigkeit betroffen ist (15).

Selbstverständlich darf Supported Employment die Entwicklungen der Arbeitsgesellschaft nicht negieren und mit Scheuklappen weiterhin einzelne Personen mit viel Aufwand in den Arbeitsmarkt integrieren. Der Diskurs über die Möglichkeiten und Grenzen der Integration und des Arbeitsmarkts ist zwingend nötig und aufrechtzuerhalten. Es braucht Diskussionen, aber auch Modelle und konkrete Initiativen, wie eine zunehmende Ausgrenzung von bestimmten Bevölkerungsgruppen verhindert und Arbeitgeber vermehrt für die Integration gewonnen werden können. Dass sich Professionelle der Sozialen Arbeit aber von der «Integrationsmaschinerie» fernhalten sollen, um nicht Handlanger des aktivierenden Staates zu sein, wie manchmal argumentiert wird, scheint mir gegenüber den Betroffenen, die sich in aller Regel eine normale Arbeit wünschen, und gegenüber den Praktikerinnen und Praktikern, die tagtäglich engagierte Integrationsarbeit leisten, allerdings wenig hilfreich.

Die Praxis von Supported Employment wie auch die Fallporträts in diesem Buch zeigen, dass auch Menschen mit Beeinträchtigungen – trotz der schwierigen Rahmenbedingungen – im Arbeitsmarkt Platz haben und bestehen können. Sie dabei nicht zu unterstützen, nur weil der Zugang zum Arbeitsmarkt für bestimmte Personen oder Personengruppen schwierig ist, erachte ich als ein schlechtes Argument. Wenn sich Betroffene eine Arbeit auf dem allgemeinen Arbeitsmarkt wünschen, sollten sie die Möglichkeit und Unterstützung dafür bekommen. Leider gibt es für Betroffene aber oft keine Alternativen zur Werkstätte, zu Sozialfirmen oder zu einem Beschäftigungsprogramm.

Professionelle Unterstützung von Personen bei der Integration in den allgemeinen Arbeitsmarkt beinhaltet aber die Verantwortung – und hier scheinen mir die kritischen Stimmen wichtig –, Klientinnen und Klienten nur in arbeitsrechtlich geklärte und finanziell gesicherte Erwerbssituationen zu bringen (vgl. Teil III von Peter Mösch Payot). Die Vermittlung in prekäre Arbeitsverhältnisse gilt es zu vermeiden. Dazu ist Professionalität von Job Coaches ebenso gefragt wie sozial- und arbeitsmarktpolitische Rahmenbedingungen, die das sicherstellen.

3.2. Anwendungskontexte und Zielgruppen von Supported Employment

Die Lehr-, Beratungs- und Forschungstätigkeit an der Hochschule Luzern – Soziale Arbeit zu Supported Employment und anderen Themen der Arbeitsintegration geben uns Einblick in die aktuellen Anwendungskontexte und die Zielgruppen von Supported Employment. Der nachfolgende Überblick der Supported-Employment-Praxis entspricht diesen Beobachtungen. Ohne Anspruch auf Vollständigkeit sollen damit die Breite und die Möglichkeiten von Supported Employment aufgezeigt und gewissermassen der Entwicklungsstand sichtbar gemacht werden.
In der Schweiz wird Supported Employment bis anhin hauptsächlich im von der Invalidenversicherung (IV) finanzierten Bereich umgesetzt. Die Zielgruppen in diesem Kontext sind erwerbsunfähige oder von Erwerbsunfähigkeit bedrohte Personen. Es sind also **Personen mit gesundheitlichen Einschränkungen oder Behinderungen.** Sozialpolitisch steht dabei die Gruppe der Personen mit psychischen Beeinträchtigungen besonders im Fokus. Psychische Krankheiten begründen fast die Hälfte aller IV-Renten in der Schweiz (vgl. Bundesamt für Sozialversicherungen 2012) und waren auch Hauptgrund für die massive Zunahme an Renten, welche die IV zwischen den Neunzigerjahren und 2005 erlebte. Supported-Employment-Angebote werden im Kontext der IV für unterschiedliche Zielsetzungen umgesetzt:

- zur Arbeitsplatzerhaltung resp. Rückkehr an den Arbeitsplatz
- zur beruflichen Wiedereingliederung bei drohender Invalidität
- zur Überwindung einer Invalidität (in der Terminologie der IV: Eingliederung statt Rente)
- sowie zur beruflichen (Erst-)Ausbildung im allgemeinen Arbeitsmarkt oder an dezentralen Ausbildungsplätzen (Supported Education)

Kostenträger sind die **kantonalen IV-Stellen,** welche für den Vollzug der IV-Gesetzgebung zuständig sind. Sie verfügen die entsprechenden Leistungen, wobei – je nach Ausgangslage – unterschiedliche gesetzliche Grundlagen verwendet werden (ohne dass die Gesetzgebung den Begriff Supported Employment beinhaltet). Die Vollzugspraxis der IV-Stellen unterscheidet sich zwischen den Kantonen erheblich. Während einige IV-Stellen Supported Employment hauptsächlich spezialisierten Fachstellen (hier Anbieter genannt) übertragen und entsprechende Mandate finanzieren, übernehmen andere IV-Stellen diesen Auftrag gleich selber und setzen eigene Job Coaches ein.

Neben der IV als primäres Sicherungssystem für Menschen mit Behinderung und psychischen Beeinträchtigungen sind andere **Sozial- und Privatversicherer** wie Unfall- und Krankentaggeldversicherer sowie Pensionskassen und in Teilbereichen auch Krankenversicherer mit diesen Zielgruppen und deren beruflichen Integration konfrontiert. Dementsprechend werden Supported-Employment-Dienstleistungen für Menschen mit gesundheitlichen Einschränkungen oder psychischen Beeinträchtigungen teilweise auch von diesen Versicherungen finanziert. Auch in diesem Bereich gibt es – wenn auch nur vereinzelt – Versicherungen, die selber tätig werden und sich dabei am Konzept des Supported Employment orientieren.

Potenzielle Kostenträger von Supported Employment für die Zielgruppe von Menschen mit Behinderung sind zudem die **Kantone resp. die jeweiligen Verwaltungseinheiten mit Zuständigkeit für die berufliche Bildung und die Behindertenhilfe.** Seit im Zusammenhang mit der Neugestaltung des Finanzausgleichs und der Aufgabenteilung zwischen Bund und Kantonen (NFA) die Zuständigkeit für Einrichtungen für erwachsene invalide Personen vom Bund an die Kantone überging, obliegt es den Kantonen, die Eingliederung von Menschen mit Behinderungen durch Beiträge an den Bau und den Betrieb von Wohnheimen, Werkstätten und Tagesstätten zu fördern. Dabei könnten die Kantone anstelle von Betriebsbeiträgen für Arbeitsplätze in Organisationen auch Supported-Employment-Angebote finanzieren. Betroffene IV-Rentner hätten so die Möglichkeit, anstatt in einer Institution im allgemeinen Arbeitsmarkt tätig zu sein. Bisher wird diese Möglichkeit erst in Einzelfällen realisiert, weshalb dieser Anwendungsbereich (noch) im Konjunktiv zu formulieren ist. Das Beispiel «Spagat», ein Integrationsangebot aus dem österreichischen Vorarlberg, beweist seit zehn Jahren modellhaft, wie Supported Employment in diesem Kontext funktioniert (Basener 2012).

Entsprechend der internationalen Tendenz der Ausweitung von Supported Employment auf **andere Zielgruppen** sind auch in der Schweiz Initiativen und Projekte für folgende Zielgruppen entstanden oder im Entstehen begriffen:

- **Langzeitarbeitslose Personen / Sozialhilfe beziehende Personen:** In der kantonal geregelten Sozialhilfe hat die Arbeitsintegration (in der Terminologie der Sozialhilfe: soziale und berufliche Integration) in den letzten Jahren enorm an Bedeutung gewonnen. Insbesondere seit im Jahr 2005 die SKOS-Richtlinien

revidiert wurden, werden in den meisten Städten und grösseren Gemeinden Programme zur beruflichen und sozialen Integration von Sozialhilfebeziehenden finanziert und von den Gemeinden selbst oder aber von privaten Unternehmen angeboten. Vor dem Hintergrund des relativ hohen Anteils an langzeitarbeitslosen Personen (wer länger als ein Jahr von Arbeitslosigkeit betroffen ist) sowie angesichts der Gruppe von Sozialhilfe beziehenden Personen, welche trotz Kursen und Arbeitsintegrationsprogrammen den Sprung in den allgemeinen Arbeitsmarkt nicht (mehr) schafft, wird auch im Kontext der Sozialhilfe zunehmend über alternative Konzepte zur Teilhabe am Arbeitsleben diskutiert. Neben einem zu beobachtenden Ausbau von unbefristeten Beschäftigungsmöglichkeiten (Dauerarbeitsplätze) in dafür geschaffenen Organisationen (u. a. Sozialfirmen) werden vereinzelt integrative Modelle wie Supported Employment umgesetzt. Noch sind es allerdings einzelne Projekte, die oftmals auf Initiative einzelner Fachpersonen realisiert werden. Der gesetzliche und politische Spielraum der Sozialhilfe lässt aber zumindest die Möglichkeiten zur breiten Umsetzung von Supported Employment für langzeitarbeitslose Personen durchaus zu.
Über die Arbeitslosenversicherung bzw. die Regionalen Arbeitsvermittlungszentren (RAV) ist die Unterstützung von langzeitarbeitslosen Personen mit Supported Employment aufgrund der gesetzlichen Grundlagen und auch der Vollzugspraxis (noch) nicht oder nur sehr bedingt möglich.

- **Flüchtlinge und vorläufig aufgenommene Personen:** Ähnlich den Entwicklungen im Bereich Langzeitarbeitslosigkeit werden auch bezüglich dieser Zielgruppe Alternativen zu den herkömmlichen beruflichen Förderungsmöglichkeiten diskutiert und Supported Employment als pilotartige Versuche umgesetzt. So setzt beispielsweise der Kanton Graubünden bzw. die Abteilung Integration des zuständigen Amtes für Migration und Zivilrecht in jüngster Zeit konsequent auf direkte Vermittlungen anstelle von herkömmlichen Beschäftigungs- und Qualifizierungsprogrammen.

- **Suchtbetroffene Personen:** Für Personen mit einer Suchtabhängigkeit in ihrer Biografie ist der berufliche Wiedereinstieg – z. B. nach einer Suchttherapie – häufig sehr schwierig. Das Stigma der Sucht wiegt oft auch nach einer abgeschlossenen Suchtkarriere schwer. Selbst bei stabilen und leistungsfähigen Stellensuchenden bleibt es an ihnen haften. Vor diesem Hintergrund haben sich in den letzten Jahren insbesondere suchttherapeutische Einrichtungen mit Supported Employment auseinandergesetzt und Supported Employment in Ansätzen umgesetzt. Die Schwierigkeiten in diesem Kontext liegen dabei primär bei der oft lückenhaften Finanzierung (unterschiedliche Finanzierer für unterschiedliche Leistungen) und der mangelnden Möglichkeit zur kontinuierlichen und langfristigen Unterstützung der Arbeitsintegrationsprozesse (gilt insbesondere für stationäre Einrichtungen).

- **Jugendliche (mit Schwierigkeiten an den Übergängen «Schule – Ausbildung» und «Ausbildung – Arbeit»):** Bei den Jugendlichen steht – wenn noch keine Ausbildung vorhanden – meist die berufliche Bildung im Zentrum der Bemühungen. Begleitete Ausbildungen nach dem Konzept des Supported Employment werden als *Supported Education* bezeichnet. Aus konzeptioneller Sicht bestehen zwischen den beiden Formen keine grundlegenden Unterschiede. Bei der (methodischen) Umsetzung hingegen sind sicherlich der Aspekt der schulischen Berufsbildung sowie die Merkmale und Besonderheiten der Zielgruppe (Entwicklungsstadium u. Ä.) zu berücksichtigen (vgl. Kapitel 5.4.). Letzteres gilt allerdings grundsätzlich für jede der möglichen Zielgruppen von Supported Employment.
  Kostenträger von Supported Employment oder Supported Education für Jugendliche können je nach Fall bzw. Anspruchsberechtigung IV-Stellen, Sozialdienste (Sozialhilfe), RAV (Arbeitslosenversicherung) oder auch Jugendanwaltschaften sein.

Vereinzelt ist zudem zu beobachten, dass auch Arbeitgebende selber Unterstützung – auf der Basis von Supported Employment – für ihre Mitarbeitenden bei der Rückkehr an den Arbeitsplatz nach Krankheit oder Unfall anbieten oder beauftragen. Entsprechende Angebote sind den Massnahmen eines betrieblichen Gesundheits- oder eines betrieblichen Case Managements oft ähnlich, sodass eine Zuordnung (in der Praxis) nicht leicht ist.
Die nachfolgende Tabelle zeigt die unterschiedlichen Zielgruppen und Kostenträger für Supported Employment in der Schweiz mit einer Einschätzung zum Stand und den Möglichkeiten der Umsetzung:

Abb. 2: Zielgruppen und Kostenträger von Supported Employment

ZIELGRUPPEN	KOSTENTRÄGER / FINANZIERER: IV-Stellen	Kantone	Krankentaggeld-, Haftpflicht-, berufliche Vorsorge- oder Unfallversicherung	Krankenversicherungen	Arbeitslosenversicherung	Sozialhilfe	Arbeitgeber	Selbstfinanzierer
Menschen mit Behinderung	Möglich, so lange Aussicht auf Rentenreduktion besteht	Gut denkbar (auch falls keine Rentenreduktion), aber bisher kaum umgesetzt		Unter ärztlicher Leitung teilweise möglich				Denkbar bei allen Zielgruppen, nur sehr vereinzelt realisiert (finanzielle Möglichkeiten fehlen)
Arbeitsunfähigkeit aufgrund Krankheit oder Unfall	Mit Einschränkungen möglich (Verhinderung einer IV-Rente)		Mit Einschränkungen möglich, bisher eher selten	Mit Einschränkungen möglich, bisher eher selten			Zur Stellenerhaltung vereinzelt umgesetzt	
Arbeitslose Personen					Bei ALV-Bezug mit Einschränkungen möglich, kaum realisiert	Bei SH-Bezug möglich, vereinzelt realisiert		
Flüchtlinge oder vorläufig aufgenommene Personen		Je nach Fallsituation und kantonalem Gesetz/Vollzug möglich				Je nach Fallsituation und kantonalem Gesetz/Vollzug möglich		
Suchtbetroffene Personen				Mit Einschränkung im Zusammenhang mit stationären Aufenthalten möglich	Bei ALV-Bezug mit Einschränkungen möglich, kaum realisiert	Bei SH-Bezug möglich, vereinzelt realisiert		
Jugendliche	Möglich bei der Berufsbildung für IV-Berechtigte	Je nach Situation der Jugendlichen bzw. sozialstaatlicher Zuständigkeit sind für Jugendliche unterschiedliche Leistungsträger denkbar (analog den obenstehenden Zielgruppen und deren Leistungsträger). Zusätzlich bei Jugendlichen zu nennen sind Jugendanwaltschaften als Finanzierer.						

Die Anbieter und somit Leistungserbringer von Supported Employment sind unterschiedliche Organisationen und Fachstellen. Bei den meisten ist Supported Employment nicht das eigentliche Kerngeschäft, was unter Umständen zu Zielkonflikten führen kann. Insbesondere Organisationen mit geschützten Arbeitsplätzen schaffen mit der Einführung des Zusatzangebots Supported Employment möglicherweise ein erhebliches innerbetriebliches Spannungsfeld (vgl. Kapitel 4.).
Unter den Anbietern von Supported-Employment-Dienstleistungen nehmen die beiden Supported-Employment-Programme der Psychiatrischen Universitätsklinik Zürich (PUK) und der Universitären Psychiatrischen Klinik Bern (UPD) insofern eine Sonderstellung ein, da sie wissenschaftlich begleitet werden und sich beide – in unterschiedlicher Weise – an das IPS-Modell (vgl. Kapitel 1.) anlehnen.

3.3. Gesetzliche Grundlagen und Finanzierung von Supported Employment

Im Unterschied zu anderen europäischen Ländern wie beispielsweise Deutschland gibt es in der Schweiz bisher keine explizite gesetzliche Grundlage oder gar einen Rechtsanspruch für Supported Employment. Entsprechende Leistungen und Programme werden hierzulande über verschiedene bestehende Rechtsgrundlagen und Gesetzesartikel finanziert und umgesetzt. Supported-Employment-Programme sind somit immer in das bestehenden Leistungsangebot der sozialen Sicherungssysteme (vgl. Kapitel 3.2.) einzupassen und nur im Rahmen der entsprechenden gesetzlichen Vorgaben möglich. Die Umsetzung von Supported Employment stösst in der Schweiz deshalb immer dann an Grenzen, wenn die gesetzlichen Rahmenbedingungen gewisse Aspekte des Konzepts nicht vorsehen. So ist in vielen Anwendungskontexten die langfristige Begleitung nach der Vermittlung schwierig zu finanzieren. So sind beispielsweise bei der Arbeitslosenversicherung individuelle Unterstützungsleistungen über den Stellenantritt hinaus nicht vorgesehen, was die Realisierung von Supported Employment in diesem Bereich nicht zulässt oder andere Finanzierungsformen und -quellen nötig macht. Auch die direkte Platzierung ohne vorgängige Abklärungen durch Experten oder ohne langfristige Aufbautrainings ist teilweise kaum zu realisieren.
Die bestehenden Supported-Employment-Projekte in der Schweiz finanzieren sich aufgrund dieser Ausgangslage über verschiedene gesetzliche Grundlagen und verfügen über sehr unterschiedliche Abgeltungsmodelle. In manchen langfristigen Unterstützungsprozessen gleicht die Finanzierung einem Flickenteppich, bei dem unterschiedliche Phasen und Aufwendungen stückweise oder von unterschiedlichen Geldgebern vergütet werden. Nicht selten decken Supported-Employment-Anbieter ihre Aufwendungen mit eigenen, quer finanzierten Mitteln, die sie aus anderen Angeboten generiert haben.

In den letzten Jahren haben Gesetzesrevisionen die rechtlichen Grundlagen und Finanzierungsmöglichkeiten von Supported Employment aber zunehmend verbessert. Insbesondere im Zusammenhang mit der 5. und 6. Revision des Invalidenversicherungsgesetzes (IVG) wurden wichtige neue Finanzierungsmöglichkeiten geschaffen.
Die Übersicht auf der nächsten Seite zeigt die unterschiedlichen – auch potenziellen – Anwendungsfelder von Supported Employment mit den entsprechenden gesetzlichen Grundlagen und Finanzierungsmöglichkeiten in der Übersicht.

Die Tabelle macht deutlich, dass mit Ausnahme der Invalidenversicherung, bei der konkrete gesetzliche Finanzierungsmöglichkeiten von Supported Employment vorhanden sind, die Finanzierungen von Supported Employment in vielen Bereichen wenig etabliert sind und individuellen Verhandlungen zwischen Geldgebern und Anbietern überlassen werden.

Kritische Einschätzung der gegenwärtigen Finanzierungspraxis
Selbst bei den IV-finanzierten Leistungen, wo am ehesten gesetzliche Grundlagen vorhanden sind, zeigten die Tarifverhandlungen zwischen Anbietern und IV-Stellen[7] erhebliche Unterschiede. Nicht immer werden gleiche Leistungen, wie das Coaching nach der Vermittlung, mit denselben gesetzlichen Grundlagen und schon gar nicht durchgängig mit gleichen Tarifen vergütet. Für ähnliche oder gleiche Leistungen werden Monats-, Tages- oder Stundentarife gesprochen, welche dann in sich auch noch stark in der Höhe abweichen. Diese Situation steht teilweise für den Entwicklungsstand von Supported Employment in der Schweiz. Supported Employment findet erst allmählich Eingang in die Leistungskataloge der sozialen Sicherungssysteme. Diese Pionierphase ermöglicht einerseits, dass sich neue und innovative Projekte positionieren und etablieren. Andererseits birgt dieses Entwicklungsstadium auch Gefahren. So erachte ich es als problematisch, wenn Supported Employment einseitig von den finanzierenden Stellen definiert und tarifiert wird. Es ist zu befürchten, dass Elemente des aktivierenden und fürsorglichen Wohlfahrtsstaates die Rahmenbedingungen der Umsetzung stark beeinflussen und die «Ausrichtung von Supported Employment im Paradigma der Antidiskriminierung» (Pärli, Lichtenauer & Caplazi 2007, 77) schwächen. Insbesondere die Orientierung an der Selbstbestimmung und Wahlfreiheit der Stellensuchenden ist im Supported Employment zu wahren, wenn dem Konzept nicht der Kern genommen werden soll. Dazu gehört auch, dass der Integrationsprozess kontinuierlich und langfristig erfolgen kann (Supported

7 Die IV-Stellen waren 2012 erstmals für die Beschaffung von sämtlichen beruflichen Massnahmen zuständig, sodass die entsprechenden Tarifverhandlungen neu sind.

Abb. 3: Finanzierungsgrundlagen für Supported Employment

FINANZIERUNGSGRUNDLAGEN FÜR SUPPORTED EMPLOYMENT							
Anwendungsfelder	**Behinderung/Invalidität**		**Krankheit/Unfall**	**Arbeitslosigkeit**		**Migration**	**Sucht**
Leistungsträger/ Finanzierer	Kantone (Einheiten mit Zuständigkeit für Behinderten-hilfe	IV-Stellen	Andere Versicherer mit Zuständigkeiten für berufliche Integrationsfragen	Arbeitslosen-versicherung	Sozialhilfe	Gemeinden/Kantone	Dive-se (u.a. KVG, Sozialhilfe, Justiz)
Zielgruppen	IV-Renten beziehende Personen	Erwerbsunfähige oder von Erwerbs-unfähigkeit bedrohte Personen	Verunfallte oder erkrankte Personen mit drohender oder bestehender Arbeits- oder Erwerbsunfähigkeit	ALV-bezugsberechtigte Personen	Sozialhilfe beziehende Personen	Flüchtlinge (B) oder vorläufig aufgenommene Personen (F)	Stellensuchende nach suchtbedingter Arbeitslosigkeit
Gesetzliche Grundlage	IFEG	IVG ATSG	Entsprechende gesetzliche Grundlagen	AVIG ATSG	Kantonale Sozialhilfegesetze	Asylgesetz und kantonale Gesetzgebungen	Diverse (je nach Leistungsträger)
Finanzierung von Supported Employment (SE)	Beiträge an SE als dezentrale Arbeitsplätze: Verhandlungen/ Anerkennungs-verfahren mit den Kantonen	Entschädigungen von SE im Rahmen von Frühinterventions-, Integrations- oder Massnahmen beruflicher Art: Tarifverhandlungen mit IV-Stellen	Pauschalen oder Aufwandstarife für SE z. T. denkbar: Verhandlungen mit den jeweiligen Versicherungen	Finanzierung von SE nur für einzelne Phasen möglich: Anerkennung und Programm-vergütungen über Submissions-verfahren der jeweiligen kantonalen Ämter	SE-Angebot als Alternative zu herkömmlichen Programmen denkbar: Verhandlungen über Tarifvergütungen mit den Sozialdiensten der Gemeinden (in wenigen Kantonen kantonale Zuständigkeiten)	SE-Angebot als Alternative zu herkömmlichen Programmen denkbar: Verhandlungen mit zuständiger Integrations-behörde oder den Sozialdiensten der Gemeinden (je nach Fall und kantonalem Vollzug)	Teilleistungen von SE im Rahmen von stationären Massnahmen durch KVG, ggf. Vormundschaft oder Justizbehörden möglich. Im ambulatnen Setting mit zuständigem Kostenträger zu klären

Employment Schweiz 2012, 14). Gerade Letzterem wird mit der gegenwärtigen Praxis der IV-Stellen nicht oder nicht immer Rechnung getragen. Allzu oft werden Teilaspekte des Supported-Employment-Prozesses als modularisierte Teilleistungen verfügt bzw. in Auftrag gegeben. Aus der Perspektive des Supported Employment-Konzepts ist diese Entwicklung problematisch. Supported Employment ist als kontinuierlicher Prozess zu verstehen, in dem der Unterstützung durch eine Person oder ein integriertes Team hohe Bedeutung beizumessen ist (Standortpapier Supported Employment Schweiz, undatiert). Auch die pauschale Vergütung von Supported Employment ist wenig angemessen. Damit Supported Employment dem Anliegen der Individualität Folge leisten kann, sind Finanzierungsmodelle mit Aufwandstarifen (und ggf. Kostendächern) vorzuziehen. Statt entsprechende Entwicklungen zu bedauern, sind Anbieter von Supported Employment in der aktuellen Situation aber vielmehr gefragt und eingeladen, ihrerseits überzeugende Supported-Employment-Konzepte zu entwickeln und – auch was die Kosten und somit den Preis betrifft – nachvollziehbare Angebote zu formulieren (vgl. Kapitel 4.). Aus den genannten Gründen ist eine einheitlichere – auch zwischen den sozialen Sicherungssystemen – Finanzierungspraxis von Supported Employment wünschens- und erstrebenswert.

Supported Employment als Teil der Sozial- und Integrationspolitik

Neben den konkreten gesetzlichen Grundlagen zur Finanzierung von Supported Employment sind für die langfristige Etablierung von Supported Employment aber auch übergeordnete rechtliche und gesellschaftliche Rahmenbedingungen wichtig. Im Hinblick auf die zentralen Anliegen der Nicht-Diskriminierung und der beruflichen Teilhabemöglichkeit sind entsprechende rechtliche, gesellschaftliche und kulturelle Bestrebungen zu stärken.

Zu bedauern ist in diesem Zusammenhang, dass die 2006 verabschiedete UN-Konvention über die Rechte von Menschen mit Behinderung von der Schweiz bis heute nicht unterzeichnet wurde. Die Bundesverwaltung verweist in einem Kommentar auf ihrer Website[8] auf das bereits bestehende Bundesgesetz über die Beseitigung von Benachteiligungen behinderter Menschen (BehiG), welches gemäss Art. 1 die Verhinderung, Verringerung oder Beseitigung von Benachteiligungen für Menschen mit Behinderung bezweckt (Art. 1 BehiG). Die umgangssprachlich «Behindertengleichstellungsgesetz» genannte Rechtsgrundlage richtet sich in Bezug auf die berufliche Teilhabe aber nur an den Bund als Arbeitgeber (Art. 13 BehiG). Weitergehende Vorgaben, welche sich auf die Chancengleichheit von Menschen mit Behinderungen im Arbeitsmarkt beziehen, fehlen. Mit dem Art. 1 werden aber

8 Gefunden am 10.1.2013 unter http://www.edi.admin.ch/ebgb

zumindest Rahmenbedingungen verlangt, die es Menschen mit Behinderung erleichtern, sich aus- und fortzubilden und eine Erwerbstätigkeit auszuüben (Art. 1 BehiG). Pärli, Lichtenauer und Caplazi weisen aufgrund der Bedeutung des Bildungsniveaus im Arbeitsmarkt denn auch auf die Wichtigkeit der Aus- und Weiterbildung für Menschen mit Behinderung hin (2007, 4). Die genannten Autoren und die Autorin untersuchten 2007 im Auftrag des Eidgenössischen Büros für die Gleichstellung von Menschen mit Behinderung (EBGB) Massnahmen, um Menschen mit Behinderung vor Diskriminierungen in der Arbeitswelt zu schützen (Pärli, Lichtenauer & Caplazi 2007). In allen Ländern (Fokus auf OECD-Länder), die das Forschungsteam untersucht hat, werden «wohlfahrtsstaatliche Integrationsmassnahmen» und «Antidiskriminierungsmassnahmen» kombiniert (2007, 77). Es überrascht wenig, dass Antidiskriminierungsmassnahmen zumeist in Ländern mit schwach ausgebautem Sozialstaat Schwerpunkt der jeweiligen Integrationspolitik sind (78). Die skandinavischen Länder bilden allerdings die Ausnahme, weil diese ihren starken Sozialstaat mit Antidiskriminierungsmassnahmen kombinieren (78). Die beiden Bestrebungen, Supported Employment und dessen Finanzierung einerseits als Teil der Integrationspolitik zu verankern und andererseits mit Supported Employment Diskriminierungen zu verhindern und die Selbstbestimmung der Betroffenen zu fördern, stehen nicht ohne Widerspruch zueinander. Pärli, Lichtenauer und Caplazi zeigen auf, dass die Integrationsunterstützung (und somit auch die Finanzierung von Supported Employment), welche durch die Sozialversicherungen erfolgt, immer auf der Annahme der Notwendigkeit der Hilfe zur Anpassung des Individuums an die Gegebenheiten des Arbeitsmarkts bzw. des spezifischen Arbeitsplatzes basieren (2007, 7). Demgegenüber stehen die Paradigmen der Nicht-Diskriminierung oder der Inklusion, welche Kategorien von Behinderung, Langzeitarbeitslosigkeit oder Ähnliches vermeiden wollen. Trotzdem identifizieren die Autorin und die Autoren in ihrer Literaturstudie Supported Employment als besonders wirkungsvolles Integrationsmodell und sehen das Konzept – wenn es gemäss ihren zugrunde liegenden Werten umgesetzt wird – auch als sozialpolitische Massnahmen zur Antidiskriminierung (Pärli, Lichtenauer & Caplazi 2007, 78).

Fallporträt 2: Beruflicher Neuanfang nach einem verhängnisvollen Unfall

Dass Sven Hauser (Name geändert) heute eine kaufmännische Lehre absolviert, hätte er vor zwei Jahren nicht gedacht. Damals versuchte der ambitionierte Junioren-Eishockeyspieler trotz Schmerzen in der Hand seine Lehre als Schreiner fortzusetzen. Im November 2010 stürzte er nach einer Auseinandersetzung mit einem anderen Jugendlichen unglücklich auf die Hand. Das Ausmass und der Schweregrad seiner komplizierten Handverletzung wurden aber anfänglich falsch eingeschätzt und nicht vollständig diagnostiziert, sodass die Verletzung vorerst konservativ behandelt wurde. Sven Hauser versuchte trotz massiver Schmerzen und eingeschränkter Funktionalität an den Arbeitsplatz zurückzukehren. Vergeblich. Die Situation verbesserte sich nicht, und als die Ärzte davon sprachen, die Nervenenden zu veröden, war er auch damit einverstanden. Hauptsache, es tut sich was, sagte sich Sven Hauser. Die Eishockeykarriere war längst in weite Ferne gerückt. Eine weitere medizinische Abklärung brachte dann endlich Klarheit über seine Verletzung. Im August, knapp zehn Monate nach seinem Unfall, wurde seine Hand operiert. Die Operation brachte zwar eine erhebliche Verbesserung. Die Schädigungen des Knorpelgewebes waren aber nicht mehr rückgängig zu machen und es war klar, dass ein handwerklicher Beruf nicht mehr möglich sein würde. Nach der medizinischen Rehabilitation begann Sven Hauser im November 2011 eine berufliche Abklärung in der Suva-Rehaklinik Bellikon. Er musste sich neu orientieren. Die Zeit während der beruflichen Abklärung in Bellikon war für Sven Hauser schwierig. Die vielen Unfall- und Schicksalsgeschichten waren für ihn schwer zu verdauen. Überhaupt zog er sich nach dem Unfall und der langen Leidensgeschichte zunehmend zurück. Er verbrachte die Tage am Computer oder Handy, bewegte und pflegte sich kaum und legte an Körpergewicht zu. Rückblickend war die Zeit in Bellikon wichtig, sagt Sven Hauser. «Damals, in der Situation, war es aber alles andere als angenehm.» Die Anforderungen an Konstanz und Selbstdisziplin überforderten ihn.

Bereits während der Abklärung in Bellikon, in der Phase der Vorbereitung auf den allgemeinen Arbeitsmarkt, lernte Sven Hauser den Job Coach Jonas Meier von der Rehaklinik Bellikon kennen. Jonas Meier erklärt, dass die Fallführung während der beruflichen Abklärungen bei der zuständigen Fachperson liegt. Je nach Bedürfnis werden Versicherte zusätzlich durch eine Berufsberaterin und/oder einen Job Coach begleitet. Die begonnene Zusammenarbeit zwischen Job Coach und Sven Hauser wurde nach Ablauf der dreimonatigen Abklärung weitergeführt und von der IV auch entsprechend weiterfinanziert. Gemeinsam besprachen die beiden die Abklärungsergebnisse im Hinblick auf die berufliche Integration. Jonas Meier beschreibt das als Transferarbeit, in der die Erkenntnisse aus der Abklärung auf den Arbeitsmarkt bezogen werden. Aufgrund der Interessen und Neigungen und unter Berücksichtigung der gesundheitlichen Einschränkungen fokussierten sich die beiden schliesslich auf den kaufmännischen Bereich. Das Ziel war dabei, eine Lehrstelle als Kaufmann (KV) zu finden. Jonas Meier bereitete mit Sven Hauser die Bewerbungsunterlagen vor. Schon während der beruflichen Abklärung suchten die beiden in enger Zusammenarbeit mit der Fachperson der Abklärung nach Möglichkeiten zum Schnuppern, und schon bald ergaben sich erste Gelegenheiten. Die Rückmeldungen aus den ersten zwei Kurz-Praktika waren allerdings nicht gut. Sven Hauser zeigte gute Fähigkeiten, was aufgrund seiner guten Ergebnisse aus den Abklärungstests wenig überraschte, aber sein Verhalten am Arbeitsplatz wurde deutlich kritisiert. «Ein grosses Thema war das Handy», sagt Jonas Meier, «Sven Hauser konnte nicht ohne sein Handy sein und verstand es anfänglich nicht, warum man bei der Arbeit nicht privat online sein kann.» Für Sven Hauser kamen die kritischen Rückmeldungen überraschend. «Ich hatte das Gefühl, ganz gut gearbeitet zu haben», sagt der junge Mann. «Mein Selbstbild hat überhaupt nicht gestimmt.» Jonas Meier bestätigt und sagt, dass sie in dieser Zeit im Coaching viel an diesen Themen gearbeitet hätten. Der Job Coach thematisierte die problematischen Punkte wie beispielsweise den Umgang mit dem Handy, zunächst blieben seine Ausführungen allerdings ohne Erfolg. Die ähnlich lautenden Rückmeldungen von verschiedenen Arbeitgebenden und auch das Dranbleiben des Job Coaches zeigten schliesslich aber dann doch Wirkung. Mehr und mehr folgten den guten Leistungen auch positive Rückmeldungen zum Verhalten. «Meine Arbeit war – wie oftmals bei jungen Erwachsenen – ziemlich sozialpädagogisch ausgerichtet», meint Jonas Meier.

Die Lehrstellensuche empfand Sven Hauser anfänglich als ernüchternd: «Auf zehn Anfragen bekam ich neun Mal die Antwort, dass sie die Lehrstelle lieber einem Schulabgänger vergeben möchten», sagt der junge Mann. Seine heutige Lehrstelle war damals ausgeschrieben. Als der Job Coach und Sven Hauser das Inserat bei einem ihrer Treffen sahen, meldete sich der Job Coach umgehend telefonisch beim Arbeitgeber. Sven Hauser konnte sich in Begleitung des Job Coaches im Betrieb, einem Produktions- und Handelsunternehmen, vorstellen. Nach einem zweiten Gespräch ging es rasch. Bereits in der darauffolgenden Woche begann Sven mit einem Praktikum, das von Jonas Meier als Job Coach begleitet wurde. Nahtlos an das Praktikum konnte Sven Hauser im Sommer 2012 dann mit der gewünschten KV-Lehre (Profil E) beginnen. Jonas Meier hätte den Lehrling und den Lehrbetrieb auch während der Lehre gerne weiter unterstützt. «Es waren noch einige Themen offen und eine Begleitung wäre wünschenswert gewesen», meint der Job Coach. In diesem Fall hätte es auch mit der Finanzierung über die IV geklappt. Der Arbeitgeber wollte die Begleitung des jungen Mannes im Rahmen seiner Aufgabe als Berufsbildner aber vollumfänglich selber wahrnehmen, sodass das Job Coaching mit dem Lehrbeginn beendet wurde. Bestehen blieb das Case Management der Unfallversicherung.

«Ein halbes Jahr nach Lehrbeginn geht es gut», sagt Sven Hauser etwas zögerlich. «Die Hand ist immer noch leicht eingeschränkt und schmerzt bei längeren Belastungen. Aber ich habe gelernt, damit umzugehen, und bin in meiner heutigen Arbeit nicht eingeschränkt.» Den beruflichen Einstieg bezeichnet er rückblickend als hart. «In den ersten Wochen bin ich mehrmals eingeschlafen am Arbeitsplatz.» Mit dem Beginn der Lehre kam auch die Berufsschule dazu, die den Lehrling zusätzlich forderte. «Ich glaubte, nichts für die Schule machen zu müssen, da mir die Schule immer sehr leicht gefallen war, und bin so voll in den Hammer gelaufen», sagt Sven Hauser. Nach drei bis vier Wochen sei es dann besser und von da an stetig aufwärts gegangen, sagt der Lehrling.
Was hat den beruflichen Wiedereinstieg möglich gemacht? Die Zusammenarbeit mit dem Job Coach sei entscheidend gewesen, weil dieser immer drangeblieben sei, nachfragt, ihn konfrontiert und mit ihm Lösungen gesucht habe, sagt Sven Hauser. Der Job Coach erwähnt ebenfalls, dass die enge, sozialpädagogische Begleitung wichtig war. Jonas Meier ist überzeugt, dass es auch für den weiteren Verlauf und den erfolgreichen Abschluss der Lehre entscheidend sein wird, ob Sven Hauser jemanden hat, der ihn unterstützt und begleitet.
Die weiteren beruflichen Perspektiven sind noch offen. Sven Hauser möchte zuerst die Lehre beenden. Was danach kommt, weiss er noch nicht. «Es ging so lange nur darum, die schwierige Situation zu bewältigen, dass ich noch nicht wirklich Zeit gefunden habe, mich mit meinen beruflichen Perspektiven auseinanderzusetzen», sagt er. «Wenn die Lehre abgeschlossen und die Lehrabschlussprüfung bestanden ist, gehe ich vermutlich mal so richtig in die Ferien, um die Welt zu erkunden.» Sven Hauser hat gelernt, die Situationen anzunehmen, wie sie sind, und daraus das Beste zu machen. Sein Humor und die jugendliche Offenheit sind ihm glücklicherweise geblieben.

4. Supported Employment als Angebot/Dienstleistung von Organisationen

Thomas Rüst und Annelies Debrunner haben 2005 im Rahmen ihrer Nationalfonds-Studie eine Übersicht und Typisierung der damaligen Anbieter von Supported Employment vorgelegt. In der Gesamtbetrachtung fällt auf, dass die beschriebenen Fachstellen und Organisationen eher klein waren. Das scheint sich bis heute nicht grundlegend geändert zu haben. Möglicherweise aufgrund der nach wie vor schwierigen Finanzierung von Supported Employment haben die bestehenden Angebote und Anbieter oftmals immer noch Pioniercharakter. Nicht zuletzt aufgrund der jüngsten IV-Gesetzesrevisionen hat sich die Dynamik seit ca. 2008 aber spürbar erhöht (vgl. Kapitel 3.2. und 3.3.). Viele Organisationen im Feld der Arbeitsintegration überlegen sich, ihre Angebotspalette durch ein Supported-Employment-Programm zu erweitern oder befinden sich im Prozess der Entwicklung und Einführung einer entsprechenden Dienstleistung. Ausdruck davon ist auch die hohe Nachfrage nach Weiterbildungsmöglichkeiten zu Supported Employment. Bei den Teilnehmenden im Weiterbildungslehrgang zu Supported Employment an der Hochschule Luzern – Soziale Arbeit fällt allerdings auf, dass viele Absolventinnen und Absolventen Einzelkämpfer bleiben. Oftmals sind sie von ihrem Arbeitgeber beauftragt, Supported Employment in einem kleinen Pensum, neben ihrer bisherigen angestammten Funktion, aufzubauen. Die Weiterbildung soll die Fachpersonen beim Aufbau und der Umsetzung von Supported Employment unterstützen. Die Entwicklung und Qualifizierung der Fachpersonen ist zweifellos eine wichtige Voraussetzung, wenn eine Organisation Supported Employment implementieren möchte. Dies reicht aber nicht aus. Ebenso wichtig und letztlich unumgänglich ist es, dass die organisationalen Rahmenbedingungen auf Supported Employment ausgerichtet werden. Es geht sowohl um die Entwicklung von Fachpersonen als auch um die Entwicklung der Organisation. Der Prozess der Konzipierung, Einführung und Umsetzung von

Supported Employment bedeutet für Organisationen einen Veränderungsprozess. Das gilt insbesondere, wenn die Organisationen bisher hauptsächlich herkömmliche Beschäftigungs- und Arbeitsintegrationsangebote im ergänzenden Arbeitsmarkt angeboten haben. Becker und Drake unterscheiden für bestehende Organisationen zwei Möglichkeiten für die Implementierung von Supported Employment (2003, 51). In der ersten Variante wird Supported Employment zusätzlich zu den bestehenden Dienstleistungen *(menue of services)* angeboten, während in der zweiten Variante die bestehenden Angebote zu einem Supported-Employment-Programm verändert werden. Wenn die erste Variante einer Vergrösserung bzw. einem Ausbau der Organisation gleichkommt, bedeutet die zweite Variante, dass bestehende Leistungen durch Supported Employment ersetzt werden. Dieser zweite Weg bedeutet für eine Organisation in den meisten Fällen einen grösseren Veränderungsprozess, weil damit meistens auch Organisationskultur- und Haltungsänderungen verbunden sind (Becker & Drake 2003, 51).

Was bedeutet der mit der Einführung von Supported Employment verbundene Veränderungsprozess für die Organisation? Welche Herausforderungen stellen sich? Auf dem Weg zur Umsetzung eines Supported-Employment-Angebots muss sich die Organisation Klarheit darüber verschaffen, wen sie mit Supported Employment unterstützen möchte, wie der Prozess aussehen soll, wie Arbeitsplätze gefunden werden sollen, wie die Leistungen finanziert werden sollen usw. Die Organisation braucht, kurz gesagt, ein Konzept. Das Konzept alleine macht aber noch keine Umsetzung – damit es nicht nur Papier bleibt, ist es nötig, dass die konzeptionellen Überlegungen die Anspruchsgruppen überzeugen und die Absichten somit auch umgesetzt werden können. Finanzierende, die Führungspersonen, aber auch Mitarbeitende und Arbeitskolleginnen und -kollegen sowie die Zielgruppen müssen sich mit dem neuen Angebot Supported Employment identifizieren können und es – in ihrer subjektiven Wahrnehmung – als sinnvoll erachten. Bleibt das aus, entfaltet es keine Kraft. Supported Employment bleibt dann ein Anliegen von einzelnen Personen, die sich engagiert einsetzen und doch wenig bewegen können.

Die Entwicklung und Einführung von Supported Employment in der Organisation verlangt deshalb sowohl Konzeptüberlegungen als auch eine betriebliche Verankerung in der Organisation.

Abb. 4: Herausforderung für Organisationen bei der Angebotsentwicklung

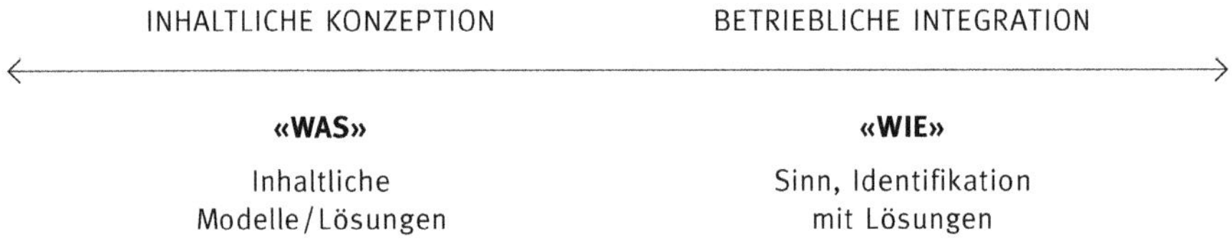

Sowohl die Konzeptionierung als auch die Organisationsentwicklung sollten im Rahmen des Veränderungsprozesses bewusst gestaltet werden. Orientierung im Vorgehen bieten die allgemeinen Schritte eines zielorientierten Vorgehens:

Abb. 5: Schritte zur Entwicklung eines Supported-Employment-Angebots

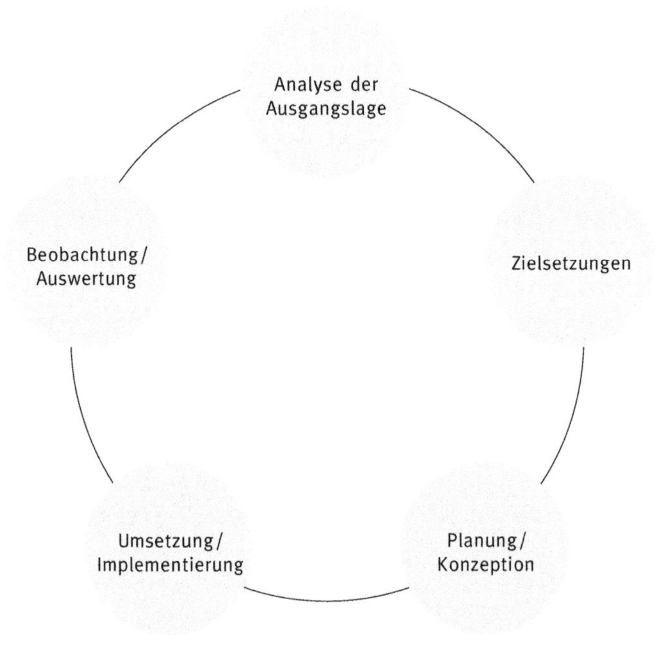

Nicht immer kann dieses idealtypische Vorgehen auch in dieser Abfolge umgesetzt werden. Das direkte Ausprobieren von neuen Ideen, der pragmatische Versuch, einzelne Klienten und Klientinnen beim Übertritt in den allgemeinen Arbeitsmarkt zu unterstützen, ohne dass schon ein Konzept vorliegt, ist ganz gut und hat gegenüber einem strukturierten und analytischen Vorgehen durchaus Vorteile. Kommt dazu, dass die Grenzen zwischen herkömmlichen Angeboten und einem Supported-Employment-Programm nicht so klar zu ziehen sind.

Vielleicht wurde schon lange im Sinne von Supported Employment gearbeitet, ohne dem so zu sagen. Trotzdem meine ich, dass ein klares Bekenntnis der Leitung zu Supported Employment und auch konzeptuelle Grundlagen unumgänglich sind, wenn sich Supported Employment als Angebot durchsetzen und etablieren soll.

Analyse der Ausgangslage – die Organisation und ihr Umfeld

Zur Analyse der Ausgangslage gehört der Blick nach innen, also in die Organisation, wie auch der Blick nach aussen, auf das Umfeld der Organisation. Mit dem Blick in die Organisation sollen die eigenen Voraussetzungen für die Umsetzung von Supported Employment erkannt werden. Dabei geht es um mögliche Spannungsfelder, welche das neue Angebot mit sich bringen könnte. In Organisationen mit geschützten Arbeitsplätzen ist die Einführung von Supported Employment in der Regel mit der Befürchtung verbunden, dass Supported Employment die internen Betriebsabläufe gefährden könnte, weil Job Coaches die «guten» Mitarbeitenden übernehmen und «wegplatzieren» würden. Selbst wenn solche Befürchtungen nicht eintreffen, sind sie relevant für die Organisation. Nur schon das Vorhandensein der Ängste kann Widerstand schaffen. Neben dem Antizipieren von möglichen Spannungsfeldern geht es in diesem ersten Schritt auch darum, die strukturellen und personellen Voraussetzungen im Hinblick auf eine Umsetzung von Supported Employment zu erkennen. Verfügen wir über das notwendige Know-how? Inwiefern passt die neue Ausrichtung zum Selbstverständnis und zur Grundhaltung dèr Organisation? Die Auseinandersetzung mit entsprechenden Fragen ermöglicht eine fundierte Entscheidung, ob und wie Supported Employment eingeführt werden soll.

Den Blick auf das Umfeld der Organisation zu legen bedeutet, sich mit den Anspruchsgruppen auseinanderzusetzen (Überblick dazu in Sander & Bauer 2006) und dabei zu klären, inwiefern Supported Employment bei diesen auf Interesse und Unterstützung stossen würde. Bedeutend sind in diesem Zusammenhang in erster Linie natürlich die Finanzierungsmöglichkeiten bzw. die Bereitschaft von potenziellen finanzierenden Instanzen. Wichtig ist aber auch, die grundsätzliche Nachfrage nach Supported Employment einzuschätzen. Dabei sollte nicht nur zählen, was Behörden nachfragen und andere Organisationen schon anbieten. Es geht vor allem auch darum, sich mit der Bedarfslage der Zielgruppen zu befassen: Welche Unterstützung wünschen sich die potenziellen Klientinnen und Klienten denn genau?

Entscheidung und strategische Verankerung

Die Auseinandersetzung mit der Ausgangslage im Hinblick auf eine mögliche Umsetzung von Supported Employment ermöglicht es der Organisation, eine tragfähige

Entscheidung treffen zu können. Wie vorgängig erwähnt, ist es für die Schlagkraft von Supported Employment relevant, dass sich das oberste Führungsorgan klar für ein entsprechendes Angebot ausspricht. Supported Employment sollte expliziter Teil der strategischen Ausrichtung sein, weil das Paradigma der direkten Integration eine Differenz zum Mainstream darstellt und kaum einfach so nebenher funktionieren kann. Die Umsetzung von Supported Employment verlangt auch Ressourcen und Rahmenbedingungen, welche in der Regel ebenfalls erst mit einem klaren Entscheid und den Zielsetzungen der Leitung gesichert und legitimiert werden.

Planung und Konzeption des neuen Angebots

Liegt ein Auftrag zur Einführung bzw. Umsetzung von Supported Employment vor, geht es um die Entwicklung der Inhalte und die Verankerung des Neuen. Die nachfolgenden Ausführungen beziehen sich auf die inhaltlichen Fragen, welche sich bei der Konzipierung eines Supported-Employment-Angebots stellen. Auf Fragen der Organisationsentwicklung, also der Gestaltung des Veränderungsprozesses, wird an dieser Stelle nicht weiter eingegangen.

Die Umsetzung von Supported Employment bedeutet einfach gesagt, Klientinnen und Klienten beim (Wieder-)Einstieg in den allgemeinen Arbeitsmarkt zu unterstützen. Supported Employment ist also im Wesentlichen Prozessarbeit. Es gibt am Anfang wohl eine allgemeine Zielsetzung, was genau zu tun ist und wohin die unterstützte Person vermittelt werden soll, ergibt sich aber erst aus dem Prozess der Zusammenarbeit. Übertragen auf die Ebene der Organisation bietet es sich an, das Supported-Employment-Angebot ebenfalls entlang des Prozesses zu konzipieren. Nicht strukturelle Fragen wie die Zuordnung der Job Coaches in der Aufbauorganisation, nicht Ressourcen und Stellenprozente, sondern die Frage, welche Schritte zwischen Beginn und Ende der Zusammenarbeit mit den Klientinnen und Klienten gegangen werden sollen, stehen am Anfang. In der Sprache des Prozessmanagements gesprochen ist die Leistungskette zwischen Erstkontakt und Abschlussgespräch aus der Perspektive der Nutzer zu denken und zu konzipieren. Der gut durchdachte Prozess bildet dann eine sinnvolle Grundlage, um Fragen der personellen Besetzung, der strukturellen Anbindung, der benötigten Ressourcen, des notwendigen Tarifs u. Ä. zu klären.

Wird ein Supported-Employment-Angebot mit dem Zugang des Prozessmanagements konzipiert, steht am Anfang die Frage der Zielgruppe. An wen soll sich das Supported-Employment-Angebot richten? In der Literatur zu Supported Employment wird relativ einheitlich betont, dass sich Supported Employment an Personen mit Benachteiligungen und Einschränkungen richtet (vgl. Kapitel 1.1.). Dazu gibt es den Grundsatz, dass «jede Person, die arbeiten will, auch arbeiten kann, wenn die entsprechende Unterstützungsleistung verfügbar ist» (Supported Employment Schweiz 2012, 16). Auch mit dem Prinzip des «zero reject» im IPS-

Modell (vgl. Kapitel 1.1.) wird gesagt, dass die Personen, welche Unterstützung durch einen Job Coach in Anspruch nehmen wollen, nicht zurückgewiesen werden sollen. In den Diskussionen bei der Erarbeitung des Europäischen Werkzeugkoffers für Supported Employment wurde aber zur Kenntnis genommen, dass in vielen Ländern faktisch sehr wohl bestimmte Zugangskriterien angewendet werden. Ist Supported Employment Teil des sozialen Sicherungssystems – und das ist es in den meisten Ländern und Kontexten –, sind entsprechende Zugangseinschränkungen oder -bedingungen nicht zu vermeiden. Neben den Zugangskriterien definiert oftmals auch *Job Readiness*, wer Supported Employment in Anspruch nehmen kann. Job Readiness meint, dass Personen für die Arbeit im allgemeinen Arbeitsmarkt vorbereitet bzw. bereit sind. Diese Anforderungshürde widerspricht den Prinzipien von Supported Employment ebenfalls (Supported Employment Schweiz 2012, 17). Aber auch wenn staatlich finanzierte Angebote – wie es Supported-Employment-Programme in der Schweiz meistens sind – nicht ohne Zugangskriterien auskommen, ist anzustreben, dass sich Supported-Employment-Angebote an Menschen richten können, die sich Arbeit wünschen, auch wenn sie als (noch) nicht bereit dafür gesehen werden. Eine «Auslese» von vermittelbaren Personen mit Aussicht auf rasche Entlastungen der sozialstaatlichen Transferleistungen ist mit Supported Employment nicht zu vereinbaren. Mit der Öffnung für schwer vermittelbare Personen wird allerdings auch deutlich, dass die Vermittlung entsprechend anspruchsvoll ist und gängige Methoden des Bewerbungs-Coachings im Supported Employment nicht ausreichen um diese Personen in den allgemeinen Arbeitsmarkt zu bringen (vgl. Kapitel 5.3.).

Mit der Frage nach der Zielgruppe eines Supported-Employment-Angebots stellt sich auch die Frage nach dem Zugang bzw. den Zugangswegen (vgl. Kapitel 5.1.). Wie erfahren die Personen vom Supported-Employment-Angebot? Gibt es direkte Zugangs- oder Anmeldemöglichkeiten oder laufen die Neuanmeldungen ausschliesslich über Anmeldungen von Behörden oder anderen Fachstellen? Entsprechend dem Anliegen der Selbstbestimmung (vgl. Kapitel 1.1.) sollten Personen selber und freiwillig entscheiden können, ob sie mit dem Job Coach zusammenarbeiten wollen. Im erwähnten Werkzeugkoffer für Supported Employment (Supported Employment Schweiz 2012, 5) wie auch in der Informationsbroschüre der EUSE (2007, 15) wird zudem auf die Barrierefreiheit hingewiesen. Mit Barrierefreiheit ist gemeint, dass Informationen für die Nutzer in verständlicher Weise vermittelt werden. Nur so können sie sich gut informiert für (oder gegen) eine Teilnahme entscheiden *(informed choice)*. Besonders für Menschen mit Sinnesbehinderungen, kognitiven Beeinträchtigungen oder auch für fremdsprachige Personen ist das Anliegen der Barrierefreiheit zentral.

Mit der Klarheit über die Personengruppen, die mit dem Supported-Employment-Angebot angesprochen werden sollen, sowie den Zugangswegen können nun die

Vorgehensschritte konzipiert werden. Orientierung bieten dazu die Phasen von Supported Employment. Im Kapitel 5 wird ausführlich auf die einzelnen Phasen eingegangen und es werden Hinweise auf konzeptionelle Fragen gegeben, welche sich im Zusammenhang mit der Erarbeitung von beruflichen Profilen, dem Finden von Arbeitsplätzen usw. stellen.
Die Entwicklung eines Supported-Employment-Angebots entlang des Prozesses, welche Klientinnen und Klienten durchlaufen, verlangt schliesslich auch eine Vorstellung über die angestrebten Ziele bzw. den anzustrebenden Zustand, welche die Zusammenarbeit beenden lässt. Wie bereits erwähnt, ist Supported Employment ein individueller Ansatz, sodass auch die jeweilige Zielerreichung individuell ist. Übergeordnet sollte man sich aber verständigen, welche Zielsetzungen das Supported-Employment-Angebot anstrebt. Zielvorgaben im Sinne von Integrationsquoten sind dabei wenig hilfreich und führen zu Unsicherheit und Druck. Wenn aber für die Mitarbeitenden klar ist, welche Integrationsmöglichkeiten angestrebt werden, wenn sie wissen, woran der Erfolg und die Qualität ihrer Arbeit erkannt und beurteilt wird, bilden Ziele eine wichtige Orientierung und Motivationsquelle. Im EU-Projekt Quality in Practice wurden für die anzustrebenden Ergebnisse eines Supported-Employment-Prozesses folgende Punkte definiert (Giedenbacher, Stadler-Vida & Strümpel 2003):

Bezahlter Arbeitsplatz auf dem allgemeinen Arbeitsmarkt
· Gültiger Arbeitsvertrag
· Angemessene Entlöhnung
· Festes Anstellungsverhältnis

Arbeitsplatz entspricht den Vorlieben, Fertigkeiten und Fähigkeiten des Arbeitnehmers bzw. der Arbeitnehmerin
· Angemessenes Arbeitsklima
· Zufriedener Arbeitgebender
· Arbeitnehmer/Arbeitnehmerin fühlt sich seiner/ihrer Arbeit gewachsen
· Arbeitnehmer/Arbeitnehmerin hat klare Aufgaben

Der Arbeitnehmer bzw. die Arbeitnehmerin wird als Kollege bzw. Kollegin geschätzt und ist ein volles Teammitglied
· Unterstützung durch sein/ihr Arbeitsumfeld
· Integration in das Arbeitsteam
· Gutes Verhältnis zu den Kolleginnen und Kollegen
· Möglichkeit der Beteiligung an Aktivitäten ausserhalb des Arbeitsplatzes

Klarheit über die Personen, die man erreichen möchte, über die Zielsetzungen von Supported Employment sowie über die Prozessschritte, die dazwischen liegen, sind Grundlagen, um das Kompetenzprofil des Job Coaches zu beschreiben. Es gilt, die richtigen Personen zu finden und die Funktion des Job Coaches in der Organisation zu definieren. Neben der Zugehörigkeit in Teams und Bereichen sind die Aufgaben, Kompetenzen und Verantwortlichkeiten zu klären und schliesslich die Fallbelastung zu definieren. Unter Berücksichtigung der Empfehlungen aus der Literatur sowie aufgrund der Erfahrungen von Praktikerinnen und Praktikern kann ein Job Coach bei einem 100%-Pensum für 15 bis maximal 25 Klientinnen und Klienten zuständig sein.

Becker und Drake betonen die Notwendigkeit der Teamarbeit (2003, 53). Sie sehen Job Coaches immer als Teil eines interdisziplinären Behandlungsteams und benennen damit ein charakteristisches Merkmal von IPS-Modellen. Auch wenn Job Coaches in anderen Anwendungskontexten nicht immer Teil eines Team sein können, ist der Hinweis auf die systematische Zusammenarbeit mit anderen in den Fall involvierten Fachpersonen zentral und bei der Konzipierung und Umsetzung von Supported Employment zu beachten. Damit wird auch der Aspekt der Wissensentwicklung deutlich gemacht. Wo und wie können Job Coaches ihre Erfahrungen, ihr Know-how austauschen und ihre Arbeit reflektieren? Insbesondere bei neuen Angeboten sind institutionalisierte Formen der Reflexion, des Austauschs und der Wissensentwicklung wichtige Bausteine.

Zu den Konzeptüberlegungen gehören schliesslich auch die Kosten und die Finanzierung. Die Kosten können auf der Basis der Aufgaben im Prozess und der Fallbelastung der Job Coaches kalkuliert werden. Vor dem Hintergrund der schwachen und oft bruchstückhaften Finanzierungsmöglichkeiten von Supported Employment ist sorgfältig abzuklären, wie der gesamte Prozess finanziert werden kann. Die Verhandlungen zur Sicherung der Finanzierung können aufwendig und langwierig sein.

Nebst den betrieblichen Aspekten zu Zielen, Abläufen, Strukturen, Personen, Kosten, Finanzierung usw., welche in Zusammenhang mit der Einführung von Supported Employment zu bearbeiten sind, sollte auch der Aspekt der Vernetzung mit der Wirtschaft beachtet werden. Damit Personen in Betrieben des allgemeinen Arbeitsmarkts platziert werden können, sind systematische Kontakte mit Arbeitgebenden aus der Region aufzubauen (vgl. Kapitel 5.3.). Die Vernetzung und Etablierung der Organisation mit und in Wirtschaftskreisen kann kaum alleine von den Job Coaches wahrgenommen werden und bedarf der Unterstützung von Führungspersonen.

Abschliessend werden die wichtigsten Konzeptelemente eines Supported-Employment-Angebots zusammenfassend dargestellt:

Abb. 6: Struktur und Inhalte eines Konzepts

STRUKTUR UND INHALTE EINES KONZEPTS FÜR EIN SUPPORTED-EMPLOYMENT-ANGEBOT

Ausgangslage

- Entstehung/Hintergrund des Angebots
- ggf. gesetzliche Grundlagen
- Ergebnisse aus der Analyse der Ausgangslage bezüglich Nachfrage, Konkurrenz, Bereitschaft der Geldgeber u. Ä.

Zielgruppen

- Welche Personen sollen mit dem Angebot erreicht/unterstützt werden?

Zielsetzung

- Welche Ziele sollen erreicht werden (bezüglich Output, Outcome und Prozess)?
- Einbettung in die strategische Ausrichtung der Organisation
- Qualitätsverständnis und -vorgaben

Leistungen/Vorgehen

- Fallbezogenes Vorgehen (inkl. Methoden und Instrumente) entlang der Phasen (von Zugang bis Abschluss)
- Werthaltungen und Prinzipien
- Fallunabhängige Leistungen wie die Vernetzung mit Unternehmen, Kommunikation, Management von Supported Employment u. Ä.
- Beginn und erwartete Fallzahlen

Personal

- Benötigte Funktionen und Stellenprozente (Case load)
- Aufgaben und Anforderungs- bzw. Kompetenzprofil der Job Coaches und der Leitungspersonen

Kosten

- Personal- und Sachkosten
- Benötigte Tarife/Abgeltung (zur Kostendeckung)

Finanzierung

- Finanzierende Stellen und Stand der Verhandlung/Leistungsvereinbarung

Organisation

- Einbettung in der Aufbauorganisation
- Schnittstellen und Zusammenarbeit (intern und extern)
- Kooperation mit zuweisenden Stellen, Finanzierenden
- Zugang zu und Kontakte/Netzwerk zur Wirtschaft (Betrieben des allgemeinen Arbeitsmarkts)
- Wissensentwicklung und -management (z. B. mittels Supervision, kollegiale Beratung o. Ä.)
- Wann und wie wird die Umsetzung reflektiert, beobachtet und bewertet?

Fallporträt 3: Praktische Ausbildung im allgemeinen Arbeitsmarkt

Claudio (Name geändert) ist 17 Jahre alt und erzählt bei einem Espresso, dass er eher zufällig auf die Arbeit in der Gärtnerei gekommen sei. Vor einem Jahr, in einem Brückenangebot nach der obligatorischen Schulzeit, schnupperte Claudio in verschiedenen Bereichen. Der zweiwöchige Schnuppereinsatz in einer grösseren Stadtgärtnerei gefiel ihm gut und auch die Rückmeldungen des Arbeitgebers waren positiv, sodass sich die Möglichkeit für eine Ausbildung auftat. Noch waren aber einige Fragen zu klären und Hürden zu überwinden. Zudem war klar, dass es für eine Ausbildung im allgemeinen Arbeitsmarkt eine Begleitung im Rahmen von Supported Education bedurfte. Die Klassenlehrerin des 10. Schuljahrs und die Berufsberatung der IV-Stelle nahmen deshalb Kontakt mit Tanja Rüdisühli von lehrundmehr auf, welche Jugendliche bei der beruflichen Bildung im allgemeinen Arbeitsmarkt begleitet.

In einem ersten Schritt mussten alle Rahmenbedingungen für eine Ausbildung geschaffen bzw. geklärt werden. Da eine berufliche Grundausbildung mit Eidgenössischem Berufsattest (EBA) nicht infrage kam, wurde eine Praktische Ausbildung (PrA) nach INSOS angestrebt. Die PrA-Ausbildung nach INSOS wurde von INSOS, dem nationalen Branchenverband der Institutionen für Menschen mit Behinderung, lanciert. Die Praktische Ausbildung ergänzt das Berufsbildungssystem und orientiert sich an den individuellen Fähigkeiten von Jugendlichen, die eine EBA-Ausbildung wegen einer Lern- oder Leistungsbeeinträchtigung nicht – oder noch nicht – machen können und bietet eine berufspraktische Ausbildung.

Die Stadtgärtnerei hatte bereits viel Erfahrung als Lehrbetrieb. Die Praktische Ausbildung war aber ein Novum. Dementsprechend mussten einige Fragen geklärt werden. Tanja Rüdisühli informierte den Betrieb über die PrA-Ausbildung. Die Stadtgärtnerei bzw. die zuständigen Personen der Lehrlingsausbildung wollten wissen, was diese Ausbildung für sie als Lehrbetrieb bedeuten würde, welche Aufgaben auf sie zukommen würden, welche Arbeitsbereiche sich für die PrA-Ausbildung eignen würden u. Ä. «Wir suchten eine Lösung, weil Claudio unbedingt zu uns wollte», bestätigt Herr Meier (Name geändert), der zuständige Bereichsleiter.

Neben den grundsätzlichen Fragen zur PrA-Ausbildung mussten schliesslich auch die vertraglichen Aspekte wie die Vertragsdauer, der Lohn und die Versicherung festgelegt werden. Dieser Prozess beanspruchte einige Zeit. Im Sommer 2012 – also kurz vor Lehrbeginn – konnte der Vertrag für die Ausbildung Praktiker PrA Gärtnerei schliesslich unterzeichnet werden. Der Vertrag sah – entsprechend der Verfügung der IV-Stelle – vorerst eine einjährige Ausbildungszeit mit Option auf eine Verlängerung um ein weiteres Jahr vor. Die Besonderheit, dass die Stadtgärtnerei ein ganz normaler Lehrbetrieb des ersten Arbeitsmarkts und nicht wie bei PrA-Ausbildungen üblich ein INSOS-Ausbildungsbetrieb ist, wurde über einen Verbund zwischen der Stadtgärtnerei und lehrundmehr gelöst. Während die Stadtgärtnerei eigentlicher Lehrbetrieb ist, nimmt lehrundmehr gegenüber INSOS, welche die Ausbildung prüft und anerkennt, die Verantwortung als PrA-Ausbildungsbetrieb wahr. Dazu gehört auch die Berufsschule, welche lehrundmehr verantwortet. Der Lehrvertrag und auch die Lohnzahlung laufen aber direkt zwischen der Stadtgärtnerei und dem Jugendlichen, «das ist ganz wichtig», betont Tanja Rüdisühli.

Die lange Zeit, bis der Lehrvertrag unterschrieben werden konnte, war für Claudio und seine sizilianischen Eltern eine Geduldsprobe. Tanja Rüdisühli nahm sich – neben der Klärung der oben stehenden Fragen – deshalb in dieser Phase Zeit für Claudio und seine Eltern. «Wir mussten uns zusammen mit dem Brückenangebot Alternativen – einen Plan B – überlegen», sagt sie. «Das Warten war für den Jugendlichen und auch die Eltern nicht einfach. Auf der anderen Seite war es positiv, dass die Fragen der Stadtgärtnerei sorgfältig geklärt wurden und sich der Betrieb dann ganz bewusst für Claudio und seine PrA-Ausbildung entschieden hat», meint Tanja Rüdisühli rückblickend.

Inzwischen arbeitet Claudio schon mehr als ein halbes Jahr in der Stadtgärtnerei. Er hat sich gut eingelebt und macht vieles – aber nicht alles – gerne. Am liebsten hilft er mit, wenn mit Bagger und Schaufel ein Aushub gemacht werden muss. Weniger behagen ihm hingegen das frühe Aufstehen und die kalten oder regnerischen Arbeitstage: «Wenn ich müde bin, mag ich nicht arbeiten.» Er habe sich inzwischen aber an die strenge Arbeit gewöhnt, sagen der Jugendliche und sein Job Coach übereinstimmend. «Mit der Zeit ist es besser geworden», resümiert der Jugendliche. Tanja Rüdisühli schätzt seine Verlässlichkeit. Auch wenn er müde ist oder Arbeiten machen muss, die er weniger mag, ist er da und erledigt seine Aufgaben.

Herausfordernd für Claudio war und ist noch heute manchmal die Zusammenarbeit mit Teamkolleginnen und -kollegen und mit den Vorgesetzten. In den ersten Monaten gab es mehrere Situationen, in denen Claudio seine Handschuhe auf den Boden schmiss und von der Arbeit wegging. Inzwischen gibt es solche Vorfälle immer weniger. Claudio hat in Gesprächen mit Tanja Rüdisühli und dem Berufsbildner im Betrieb gelernt, die für ihn schwierigen Zusammenarbeitssituationen einzuordnen. Er sagt: «Ich weiss, dass nicht alle Teamkolleginnen und -kollegen gleich viel Geduld mitbringen.» Die Zusammenarbeit ist aber nicht nur für Claudio ein Lernprozess. Herr Meier von der Stadtgärtnerei bestätigt, dass es manchmal Missverständnisse gibt, weil Verhaltensweisen falsch verstanden werden. «Da muss ich als Vorgesetzter gegenüber den anderen Mitarbeitenden erklären, argumentieren und auch mal abfedern.»

Auch Tanja Rüdisühli war als Job Coach in Gespräche mit Beteiligung von Teamkollegen involviert. Sie betont aber, dass Betriebe ihre eigenen internen Abläufe

und Zuständigkeiten hätten, die eingehalten und respektiert werden sollten. «Ich gehe nicht einfach vor Ort und rede mit den Teamkollegen am Arbeitsplatz. Da spreche ich mich genau ab», sagt Tanja Rüdisühli. Gerade im Fall von Claudio, der viele Ansprechpersonen im Betrieb hat, mussten die Aufgaben und Kommunikationskanäle sorgfältig geklärt werden und sich zuerst einspielen. «Inzwischen klappt das sehr gut», bestätigt auch Herr Meier von der Stadtgärtnerei. «Wir rufen uns gegenseitig an, wenn etwas ist.» Tanja Rüdisühli sei für ihn eine wertvolle Ansprechperson, sagt Herr Meier: «Da kann ich auch mal ‹abladen› oder Schwierigkeiten besprechen.»
Für Claudio ist Tanja Rüdisühli nicht nur Job Coach, sondern auch Berufsschullehrerin. Immer am Freitag ist Schultag. Am Vormittag steht der Allgemeinbildungsunterricht zusammen mit vier anderen PrA-Lernenden von lehrundmehr auf dem Programm. lehrundmehr führt diesen Unterricht an der öffentlichen Berufsschule durch, dort, wo auch andere Jugendliche ihre berufliche Bildung absolvieren. Nachmittags ist jeweils Fachkundeunterricht. Da Claudio momentan der einzige Lernende PrA Gärtnerei bei lehrundmehr ist, findet dieser Unterricht eins zu eins zwischen Tanja Rüdisühli und Claudio statt.
Nach einem halben Jahr Ausbildung steht nun die Entscheidung an, ob auch noch ein zweites Ausbildungsjahr angehängt wird. Claudio weiss noch nicht, wie es weitergeht, und macht sich seine Gedanken im Hinblick auf das kommende Gespräch. Bei der Auseinandersetzung mit seinen beruflichen Perspektiven tauchen auch immer mal wieder andere Berufswünsche auf. Im Moment ist es die Logistik, die Claudio interessiert. Tanja Rüdisühli sagt, dass die wechselnden Berufswünsche seit Beginn ihrer Zusammenarbeit ein Dauerthema seien. «Claudio hat immer wieder Ideen, was auch noch toll sein könnte.» Die Gärtnerei passte damals, sodass man diesen Weg ging. Abgeschlossen sei die Berufsfindung und -entscheidung von Claudio aber wohl noch nicht, glaubt Tanja Rüdisühli. Als entsprechend wichtig erachtet sie es, dass Claudio andere Betriebe, andere Realitäten kennenlernen kann. Dass andere Berufe auch anstrengend sein können oder repetitive Tätigkeiten beinhalten, müsse er selber erleben können. «Das glaubt er uns noch nicht so ganz», meint sie lachend. Sie möchte aus diesem Grund schon während der Lehrzeit Schnuppereinsätze in anderen Bereichen und Betrieben ermöglichen.
Und der berufliche Traum von Claudio? «Schwierig zu sagen», meint der Angesprochene, der noch viele Berufsideen hat. «Ich möchte auf jeden Fall arbeiten.» Es sei ihm wichtig, sein eigenes Geld zu verdienen und auf eigenen Füssen stehen zu können. Tanja Rüdisühli glaubt, dass der Beruf, also die eigentliche Tätigkeit, für Claudio wichtig ist. Noch wichtiger sei aber, dass die Zusammenarbeit im Team gut funktioniere. «Claudio muss sich wohlfühlen, dann bringt er seine Leistung und ist ein richtig guter Arbeiter.»

Der Espresso ist längst getrunken, Claudio lächelt zufrieden. Es ist offensichtlich: Claudio fühlt sich wohl bei lehrundmehr und schätzt die Zusammenarbeit mit Tanja Rüdisühli. Ja, Claudio komme, wenn etwas los sei, sagt sie. Die Offenheit und das gegenseitige Vertrauen sind vorhanden. «Das ist die Basis für die Zusammenarbeit», sagt Tanja Rüdisühli. Ob Gärtnerei, Lager oder Autogewerbe – wo Claudio dereinst beruflich auch immer landen mag: Er kann sich auf die Unterstützung seines Job Coach verlassen.

5. Phasen im Supported-Employment-Prozess

Dieses Kapitel beschreibt das Vorgehen im Supported-Employment-Prozess. Die Ausführungen zu den Aufgaben von Job Coaches zeigen, was die Umsetzung von Supported Employment im Einzelfall bedeutet. Dabei werden handlungsorientierte Grundlagen und methodische Zugänge diskutiert. Ergänzend zu den Ausführungen in diesem Kapitel geben auch die Fallporträts Einblick in das methodische Handeln von Job Coaches.
Wie im Kapitel 1.1. bereits ausgeführt, wird das Vorgehen im Supported-Employment-Prozess in Anlehnung an Becker und Drake (2003) in dieser Publikation in vier Phasen gegliedert.

Die Phasen bilden ein idealtypisches Vorgehen ab, das der Realität nicht ganz gerecht wird. In der praktischen Umsetzung gestalten sich die Übergänge im Prozess fliessender als es die Einteilung in vier Phasen vermuten lassen würde. Kommt dazu, dass die Schritte nicht immer aufbauend aufeinander folgen, sondern gewisse Themen wiederkehren oder langfristig wichtig und aktuell sind. So können beispielsweise Praktika sowohl zur Erarbeitung eines beruflichen Profils als auch zur Findung eines Arbeitsplatzes eingesetzt werden. Die Strukturierung des Vorgehens entlang der Phasen kann aber helfen, über das professionelle Handeln nachzudenken und sich in der konkreten Fallarbeit zu orientieren. Treten im Unterstützungsprozess Schwierigkeiten auf, lassen sich anhand der strukturierten Aufschlüsselung des Vorgehens möglicherweise Hinweise auf vorhandene Probleme finden.

Abb. 7: Phasen im Supported-Employment-Prozess

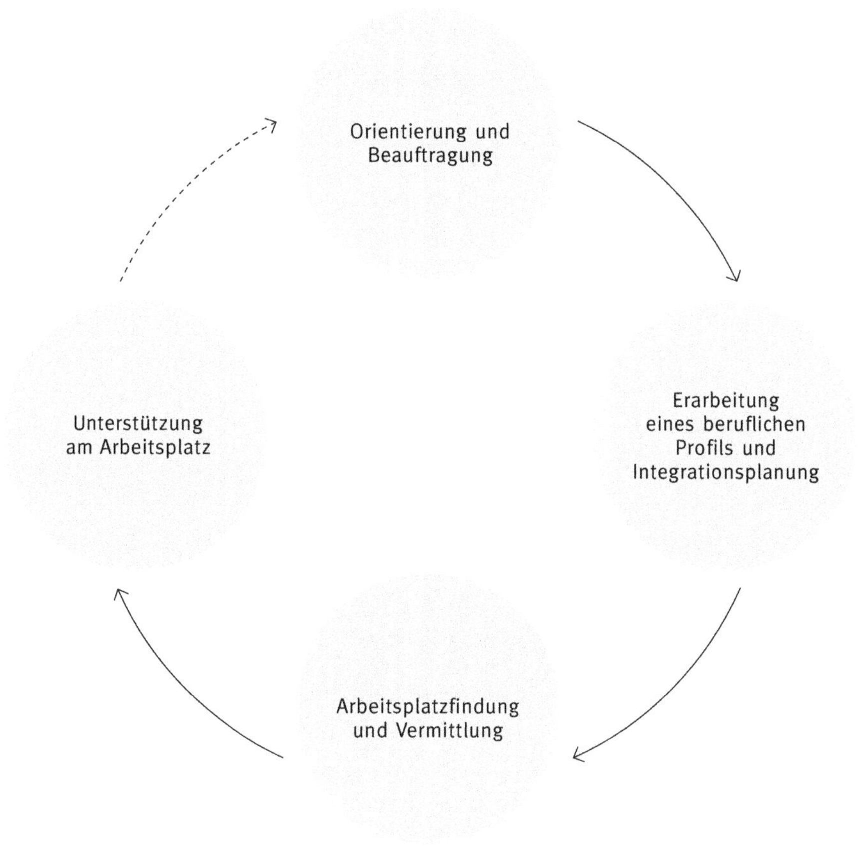

5.1. Orientierung und Beauftragung

In dieser ersten Phase geht es um den Einstieg in den Unterstützungsprozess. Dabei entscheidet sich, ob aus einer ersten Anfrage ein «Supported-Employment-Fall» wird. Wie in den Kapiteln 1.1. und 4. bereits ausgeführt, richtet sich Supported Employment an Personen mit Vermittlungshemmnissen. Das zentrale Zielgruppenkriterium ist der Wunsch der Klientinnen und Klienten, im allgemeinen Arbeitsmarkt zu arbeiten. Einschränkungen der Zielgruppe bzw. der Zugangsmöglichkeit sieht das Konzept Supported Employment nicht vor («zero reject») (Supported Employment Schweiz 2012, 17, oder Becker & Drake 2003, 80). In der Praxis sind je nach Kontext aber oft diverse Zielgruppenkriterien vorhanden. Oftmals sind diese aufgrund der (gesetzlichen) Zuständigkeit oder Rahmenbedingungen zwingend oder zumindest nachvollziehbar. In der Arbeitsintegration ist aber generell die Tendenz festzustellen, dass die Unterstützung einem immer kleiner werdenden Kreis vorbehalten bleibt. So werden beispielsweise häufig Personen ab 50 Jahren oder Stellensuchende mit schlechten Deutschkenntnissen – also Gruppen, die eine Unterstützung besonders nötig hätten – von beruflichen Integrationsprogrammen ausgeschlossen. Aber auch die fehlende Aussicht auf eine rentenreduzierende Integration führt zunehmend zu einem Ausschluss von Leistungen zur Integration in die Arbeit. Supported Employment setzt hier eine deutliche Differenz, indem es einen Zugang für alle Personen vorsieht, die im allgemeinen Arbeitsmarkt arbeiten möchten, aber Unterstützung beim Finden und allenfalls bei der Ausführung der Arbeit benötigen. Mit der Phase der Orientierung und Beauftragung geht es darum, die angestrebten Zielgruppen zu erreichen, diese über das Supported Employment zu informieren und in Zusammenarbeit mit den Betroffenen, den finanzierenden Instanzen und möglichen weiteren Akteuren den Auftrag zu klären.

Zustandekommen und Ausgangssituation

Die Zugangswege zu einem Job Coach sind für Betroffene je nach Kontext sehr unterschiedlich. Im Wesentlichen können drei mögliche Ausgangssituationen unterschieden werden:

- Stellensuchende wenden sich selbstständig (ggf. über eine Empfehlung von Dritten) direkt an eine entsprechende Fachstelle/Anbieter von Supported Employment.
- Die Personen arbeiten bereits in einer Institution oder nehmen an einem Programm teil, bei dem die Möglichkeit von einem Supported-Employment-Angebot als Anschlusslösung besteht (entspricht dem Stufenkonzept der Typen C und D gemäss Rüst & Debrunner 2005, 55f.).
- Stellensuchende gelangen über eine Zuweisung oder Anmeldung einer Behörde oder Sozialversicherungsstelle zum Supported-Employment-Angebot.

Harro Kähler spricht in Zusammenhang mit dem Zustandekommen einer professionellen Hilfeleistung von *erbetenen Erstgesprächen*, wenn Gespräche von Ratsuchenden initiiert werden, und von *angebotenen* oder *angeordneten Erstgesprächen*, wenn die Initiative von Professionellen ausgeht (Kähler 2001, 84ff.). Letztere, also *angeordnete* Gespräche, wie sie aus Zwangskontexten bekannt sind, widersprechen der Ausrichtung von Supported Employment, sodass in beruflichen Integrationsprogrammen, die unter Zwang oder Sanktionsdruck zustande kommen, Supported Employment bzw. Elemente davon nur in angepasster Form angewendet werden können. Entsprechende Modifikationen sind aber Praxis und

es ist grundsätzlich nichts dagegen einzuwenden, wenn konzeptionelle Ideen genutzt und weiterentwickelt werden. Entsprechende Angebote, welche sich nur in Teilbereichen auf Supported Employment beziehen oder im Widerspruch zu den Prinzipien von Supported Employment stehen (vgl. Kapitel 1.1.), sollten allerdings konsequenterweise nicht als Supported-Employment-Angebote bezeichnet werden.
Unabhängig davon, wer den ersten Kontakt initiiert, braucht es für das Zustandekommen einer Supported-Employment-Dienstleistung in den allermeisten Fällen einen Kostenträger (vgl. Kapitel 3.3.), der entsprechend involviert sein muss. Nicht selten leistet der potenzielle Kostenträger der Supported-Employment-Dienstleistung auch bereits Transferleistungen (Renten, Sozialhilfe o. Ä.) für die betroffene Person, sodass zwischen Kostenträger und stellensuchender Person bereits eine Verbindung besteht. Die nachfolgende Abbildung zeigt die Beziehungen in der Dreieckskonstellation zwischen der betroffenen Person, dem beauftragten Job Coach und dem Kostenträger:

Abb. 8: Dreieckskonstellation

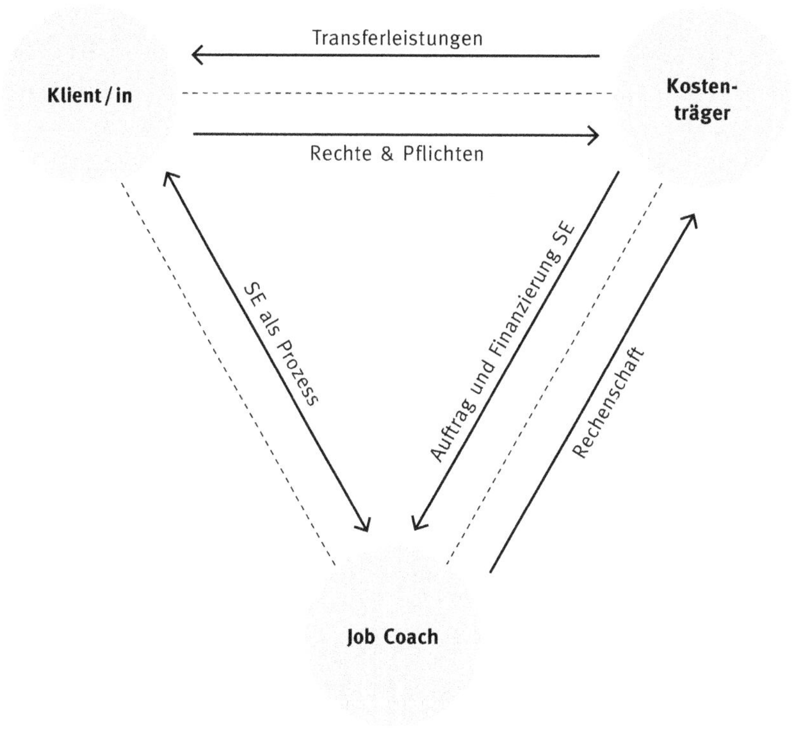

Im Grundsatz gilt dieses Dreieck auch, wenn der Job Coach selber Mitarbeitender des Kostenträgers ist, wie das z. B. bei einem Job Coaching durch IV-Stellen der Fall ist. Auch dann ist zwischen den Rechten und Pflichten, welche Klientinnen und Klienten gegenüber den Kostenträgern als Sozialversicherung haben, und der Arbeitsbeziehung zwischen Job Coach und betroffener Person zu unterscheiden.

Erstgespräche

Entsprechend dem Zustandekommen von Supported Employment gestaltet sich auch der erste Kontakt zwischen Job Coach und der stellensuchenden Person unterschiedlich. In jedem Fall wichtig ist bei Supported Employment eine umfassende und – auch auf allfällige Behinderungen angepasste – verständliche Information über die mögliche Zusammenarbeit (vgl. Doose 2007, 120; Becker & Drake 2003, 80f.). Die Stellensuchenden sollen wissen, was sie erwartet und was die Zusammenarbeit für sie bedeuten würde. Eine ausreichende Information ist Voraussetzung, damit sich Stellensuchende überhaupt für eine Teilnahme an Supported Employment entscheiden können *(informed choice).*

Gelangen **Stellensuchende direkt zum Anbieter von Supported Employment,** können im Erstgespräch die Anliegen der Person fokussiert werden. Im Zentrum stehen Fragen nach den Beweggründen und Erwartungen, welche mit der Kontaktaufnahme verbunden sind. Informationen des Job Coaches über den möglichen Unterstützungsprozess gehören ebenso dazu und erlauben eine Klärung, ob das Supported-Employment-Angebot den Anliegen und der Bedarfslage der Person entspricht. Bei dieser Anfangskonstellation ist zudem zu erörtern, wer Supported Employment finanzieren könnte. Die Einkommens- und Versicherungssituation des Betroffenen ist bereits so weit zu thematisieren, dass involvierte Leistungsträger und damit mögliche Finanzierer erkannt werden können. Im Anschluss an das Erstgespräch sind entsprechende Kontakte mit Kostenträgern aufzunehmen und die Möglichkeit der Finanzierung zu prüfen.

Wird Supported Employment als **Anschlusslösung an ein laufendes Programm oder einen geschützten Arbeitsplatz** angestrebt, gibt es keine erste Begegnung von Unbekannten. Klientinnen und Klienten können sich auf eigene Erfahrungen oder auf solche von Kolleginnen oder Kollegen innerhalb der Organisation stützen (Rüst & Debrunner 2005, 57). Zudem kennen sie möglicherweise auch die zuständigen Job Coaches bereits, sodass der Übergang in Supported Employment unter Umständen wenig sichtbar wird. Gerade aufgrund dessen empfiehlt es sich aber bei dieser Ausgangslage, einen expliziten Anfangspunkt des Supported-Employment-Angebots zu setzen und ein erstes Gespräch im Rahmen von Supported Employment als solches zu deklarieren. Ähnlich dem Vorgehen bei direkten Anfragen von Stellensuchenden geht es auch bei dieser Ausgangssitu-

ation primär darum, die Erwartungen zu erfragen und mögliche Kostenträger zu identifizieren.
Wenn **Supported Employment von Behörden oder Sozialversicherungsstellen initiiert** wird und die stellensuchende Person für einen ersten Kontakt an einen entsprechenden Anbieter verwiesen wird, sind Klientinnen und Klienten oftmals unsicher oder wenig aufgeklärt, inwiefern eine Teilnahme am Supported-Employment-Angebot eine Möglichkeit, eine Erwartung oder sogar eine Vorgabe ist. Dabei ist es für Betroffene wichtig zu wissen, ob und wie eine Nicht-Teilnahme Sanktionen nach sich ziehen würde (vgl. Göckler 2012).
Nicht nur Betroffene, auch Job Coaches sind bei Anfragen oder Anmeldungen durch Behörden möglicherweise mit unklaren oder überhöhten Erwartungen oder fehlender Transparenz über die Beweggründe der Anfrage konfrontiert. Es ist deshalb genau zu klären, ob es sich im oben stehenden Sinne um angebotene oder angeordnete Erstgespräche handelt und wie die Erwartungen der Beteiligten einzuordnen sind. Zur Klärung, *wer was von wem will* bzw. *wer wen mit welchen Anliegen beauftragen möchte,* bieten sich Methoden aus der systemischen Beratung und Kontextklärung an. Die nachfolgenden Fragemuster in Anlehnung an Arist von Schlippe und Jochen Schweitzer (2010, 26) ermöglichen es, die Interessenlage der Beteiligten zu erörtern:

- Wessen Idee war/ist es, dass Sie hierher kommen?
- Was veranlasst ihn/sie anzunehmen, dass Sie hierher kommen sollten?
- Was möchte er/sie, was hier geschehen soll?
- Ist das etwas, das auch Sie wollen? Sind Sie damit einverstanden?
  - Falls ja, können die Ziele und Erwartungen des Stellensuchenden detailliert besprochen werden.
  - Falls nein, können verschiedene Anschlussfragen wichtig sein: Was sind Ihre Anliegen und Ziele? Was hat Sie dazu veranlasst (trotzdem) hierherzukommen? Befürchten Sie Konsequenzen, wenn Sie sich hier gegen eine Teilnahme entscheiden? Welche?

Entsprechend den Informationen aus dem Gespräch ist zur weiteren Klärung des Auftrags ein Dreiergespräch mit dem Kostenträger angezeigt. In jedem Fall sind zwischen Job Coach und Kostenträger die Erwartungen und Rahmenbedingungen, welche an die Finanzierung des Supported-Employment-Angebots gebunden sind, sorgfältig zu klären.
Ist der Job Coach gleichzeitig auch Kostenträgervertreterin bzw. -vertreter, ist die Fachperson aufgefordert, die beiden Funktionen und Rollen der Klientin bzw. dem Klienten in Abgrenzung voneinander darzulegen und zu erklären, inwiefern der Anspruch auf finanzielle Leistungen mit der Unterstützung bei der beruflichen

Integration in Verbindung oder wechselseitiger Abhängigkeit steht. Allfällige Mitwirkungspflichten und Sanktionsmöglichkeiten sind in jedem Fall offenzulegen und gehören zum professionellen Umgang mit dem «doppelten Mandat», wie es in der Sozialen Arbeit vielfach beschrieben wurde (vgl. Thole et al. 2012, 64).

Auftragsklärung

Sind die Anliegen der Beteiligten bekannt, kann der Job Coach – unter Berücksichtigung des eigenen institutionellen Auftrags sowie des eigenen Professionsauftrags[9] – in einer Art «Auslegeordnung» die Anliegen analysieren. Nicht immer lassen sich diese zusammenbringen. Allenfalls sind Erwartungen nicht mit den Rahmenbedingungen, dem Professionsverständnis oder den Prinzipien von Supported Employment zu vereinbaren. So können beispielsweise Erwartungen des Kostenträgers an eine rasche Integration mit rentenreduzierender Wirkung in Widerspruch zu den Möglichkeiten stehen, die sich in der konkreten Situation zeigen. Gerade im Zuge des Aktivierungsparadigmas und der Ökonomisierung sozialer Dienstleistungsarbeit hat sich die Spannung zwischen fachlicher Qualität und ökonomischer Effizienz akzentuiert (Dunkel 2012, 192). Nicht immer können Fachpersonen so helfen, wie sie es für richtig halten (192). Für Job Coaches ist es vor diesem Hintergrund wünschenswert und wichtig, dass sie Aufträge auch ablehnen können.

Falls die «Erwartungslandschaften» nicht Spannungsfelder zeigen, die eine Zusammenarbeit erheblich behindern oder verunmöglichen, kann der Auftrag mit der stellensuchenden Person und dem Kostenträger konkretisiert werden. Transparenz der Erwartungen, geklärte Rollen und Verantwortlichkeiten sowie ausreichende Informationen zum angedachten Unterstützungsprozess bilden notwendige Grundlagen, damit stellensuchende Personen sich auf den Supported-Employment-Prozess einlassen können. Stefan Doose betont, dass die Inanspruchnahme des Dienstleistungsangebots in jedem Fall freiwillig sein sollte (2007, 121). Auch wenn die erste Kontaktaufnahme durch Dritte erfolgte und Interessen oder Rahmenbedingungen seitens der Kostenträger einfliessen, steht am Ende der Auftragsklärungsphase der selbstbestimmte und explizite Entscheid der stellensuchenden Person zur Teilnahme am Supported-Employment-Angebot.

Arbeitsbeziehung

Die Auftragsklärung ist nur eine – wenn auch wichtige – Funktion in der Phase Orientierung und Beauftragung. Daneben geht es um den Aufbau einer tragfähigen Arbeitsbeziehung. Es ist weitgehend unbestritten, dass eine gelingende professi-

9 Zum Auftrag der Sozialen Arbeit vgl. beispielsweise Hochuli Freund & Stotz 2011, 32ff.

onelle Beziehung eine unabdingbare Voraussetzung für die Hilfe in der Sozialen Arbeit ist (Hochuli Freund + Stotz 2011, 84).
Im ersten Kontakt treffen sich stellensuchende Person und Job Coach «zunächst als Fremde» (Stimmer 2012, 40). Die Zusammenarbeit, die ja immer auch bedeutet, dass sich Stellensuchende ein Stück weit in die Abhängigkeit von Professionellen begeben, ist über die Herstellung eines Vertrauensverhältnisses zu erreichen (Dunkel 2012, 191). Franz Stimmer empfiehlt im Hinblick auf die Vertrauensbildung in Erstgesprächen die Methode der klientenzentrierten Gesprächsführung mit ihren Prinzipien der Empathie, Wertschätzung und Echtheit (Stimmer 2012, 41). Aber auch ausreichende Informationen zum Unterstützungsprozess, wie es die EUSE verlangt, sind für den Beziehungsaufbau wichtig (Supported Employment Schweiz 2012, 17).
Ursula Hochuli Freund und Walter Stotz weisen darauf hin, dass die Ausgestaltung der Arbeitsbeziehung zwischen Professionellen und Klientinnen bzw. Klienten aber nicht nur durch die Personen, sondern massgeblich auch durch Kontextbedingungen geprägt werden (2011, 85ff.):

- Arbeitsbeziehungen werden durch die Dauer und die Verbindlichkeit der Zusammenarbeit beeinflusst.
- Mitbestimmende Faktoren für Arbeitsbeziehungen sind zudem die Entstehung der Arbeitsbeziehung (selber gewählt oder zugewiesen) und die Frage, ob diese von den Klientinnen und Klienten freiwillig oder unfreiwillig eingegangen werden.
- Professionelle Arbeitsbeziehungen sind im Unterschied zu privaten Beziehungen befristet. Selbst wenn die Unterstützung auf Dauer angelegt ist, ist die Kontinuität der Beziehungen zu bestimmten Mitarbeitenden nicht gegeben, da diese jederzeit kündigen können.
- Arbeitsbeziehungen sind durch spezifische Aufgaben (Aufgabenorientierung) gekennzeichnet und haben keinen Selbstzweck.

Die Autorin und der Autor führen in ihrem Buch «Kooperative Prozessgestaltung» zudem auch sehr anschaulich verschiedene Konzepte zur Gestaltung von Arbeitsbeziehungen und -bündnissen aus (Hochuli Freund & Stotz 2011, 88 ff.).
Arbeitsbeziehungen sind kontinuierlich zu gestalten. Es wäre verfehlt, den Aufbau einer Arbeitsbeziehung ausschliesslich in der Phase Orientierung und Beauftragung zu verorten. Wichtig in dieser ersten Phase von Supported Employment ist vielmehr die Klärung, ob die stellensuchende Person am richtigen Ort ist. Neben der Frage, ob Supported Employment die passende Unterstützungsleistung ist, geht es dabei um die Passung der Personen. Sowohl die Klientin bzw. der Klient als auch der Job Coach sollten sich vorstellen können, sich auf die

Zusammenarbeit einzulassen. Allfällige Bedingungen für eine Zusammenarbeit (vgl. Fallporträt 1) sind zu benennen, bevor es losgehen kann.

5.2. Erarbeitung eines beruflichen Profils und Integrationsplanung

Sind Auftrag und Rahmenbedingungen der Zusammenarbeit geklärt (vgl. Kapitel 5.1.), geht es um die Erfassung der individuellen Situation und um die Planung der Integration. Im Fokus stehen die beruflichen Wünsche und Ziel der Klientinnen und Klienten sowie ihre bisherigen Erfahrungen, Kompetenzen und den Unterstützungsbedarf, welche im Hinblick auf die Arbeit im allgemeinen Arbeitsmarkt relevant sein werden. Dabei geht es weniger um die Erhebung eines objektiven Status; vielmehr sollen diejenigen Aspekte erfasst und verstanden werden, welche für die Passung von Person und Arbeitsplatz wichtig sein werden. Der Blick richtet sich also bereits in dieser Phase auf die «Zone der nächsten Entwicklung» (Schartmann, zit. in Doose 2007, 123).
Rüst und Debrunner bezeichnen die Phase als «Findungsphase» und differenzieren dabei zwischen Profiling und Assessment (Rüst & Debrunner 2005, 53). Das Profiling beziehen sie auf das Erstellen eines Profils, im Sinn einer professionellen und systematischen Analyse (2005, 53 und 57). Mit Assessment meinen sie die Überprüfung und Gewichtung der Informationen (57). Der Autor und die Autorin sind sich bewusst, dass diese Begriffe in der Praxis nicht oder nicht in dieser klaren Abgrenzung verwendet werden. Je nach Anwendungskontext und der jeweiligen Bezugsdisziplin werden auch Begriffe wie Standortbestimmung, Abklärung o. Ä. verwendet. In dieser Publikation wird auf eine Unterscheidung zwischen der Informationsgewinnung und der Gewichtung von Informationen als zwei eigenständige Phasen verzichtet. Aus methodischer Sicht sind die Erhebung von Informationen und die Bewertung von Informationen getrennt zu sehen (vgl. Methoden zur Erarbeitung eines beruflichen Profils), sie können im Supported Employment aber kaum als zwei Schritte, die hintereinander geschaltet werden können, gesehen werden. Die Erarbeitung eines beruflichen Profils ist vielmehr ein interaktiver und zirkulärer Prozess aus Informationserhebung, Erprobung und Beurteilung.
Sinnvoll scheint es mir aber, zwischen der Erarbeitung eines beruflichen Profils und der Planung der Integration zu differenzieren: Während das berufliche Profil gewissermassen die Essenz aller die Arbeit betreffenden Aspekte einer Person zeigt, benennt die Integrationsplanung die Schlussfolgerungen und Strategien, welche aus dem beruflichen Profil gezogen werden.

Struktur und Inhalt eines beruflichen Profils

Becker und Drake schlagen zur Erarbeitung eines beruflichen Profils *(vocational profile)* folgende Strukturierung vor (vgl. 2003, 98f. mit leichten Anpassungen/ Erweiterungen bezüglich Schweizer Kontext).

- **Berufliche Ziele und Wünsche** *(work goal)*
  - Gewünschte Arbeit, aktuelle Ziele und berufliche Träume
  - Bevorzugte Art der Arbeit und Rahmenbedingungen (Aufgaben, Pensum, Teamzugehörigkeit)
- **Beruflicher Hintergrund** *(work background)*
  - Schul- und Ausbildung, berufliche Erfahrungen
- **Aktuelle Situation/Befindlichkeit und Umgang damit** *(current adjustment)*
  - Gesundheit, allfällige Krankheiten bzw. Symptome, Medikation, Behandlung und Umgang *(coping)*
  - Andere Belastungssituationen
- **Berufliche Fähigkeiten** *(work skills)*
  - Arbeitsrelevante Fähigkeiten und Einstellungen (Motivation)
- **Andere – in Bezug auf die Arbeit relevante – Faktoren** *(other work-related factors)*
  - Persönliches Umfeld und Unterstützung durch das soziale Netzwerk
  - Tagesablauf, Aktivitäten und Interessen
  - Aktuelle Wohnsituation
  - Mobilität
  - Einkommen und finanzielle Situation
  - Bestehendes Hilfenetz und Leistungen
  - Beruf und berufliche Hintergründe der Familie
  - ggf. Aufenthaltsstatus, Fahrausweis u. Ä.
  - Suchtabhängigkeit

Auch Stefan Doose (2007, 122) stellt in der Publikation zu seiner Verlaufs- und Verbleibstudie Möglichkeiten zur Informationssammlung vor, wie beispielsweise die Persönliche Profilanalyse (PPA), welche aus der Vermittlungsarbeit für Langzeitarbeitslose kommt. Die Persönliche Profilanalyse bezieht sich auf Informationen

- zur Motivation, wieso eine Person arbeiten will,
- zu Stärken und beruflichen Fähigkeiten der Person,
- zu Hemmnissen und Barrieren, die die Person bei der Arbeitsaufnahme überwinden muss.

An dieser Stelle könnten weitere Strukturierungsmöglichkeiten für die Informationsgewinnung und Einschätzung der Ausgangslage zur beruflichen Integration genannt werden. Da Supported Employment in unterschiedlichen Anwendungskontexten und von Fachpersonen mit unterschiedlichen professionellen Hintergründen umgesetzt wird, werden in der praktischen Anwendung diverse Grundlagen verwendet. So kennen die Psychologie, die medizinisch orientierte Rehabilitation oder die Ergotherapie jeweils eigene Zugänge zur Erfassung von berufsrelevanten Informationen. Die nachfolgende Übersicht benennt die Aspekte, welche im Rahmen von Supported Employment bei der Erarbeitung eines beruflichen Profils in jedem Fall zu berücksichtigen und je nach Kontext und Person sowie Professionsverständnis des Job Coaches mit spezifischen Informationen zu ergänzen sind:

- Berufliche Ziele und gewünschte Arbeit
- Beruflicher Hintergrund (Schulbildung, Ausbildungen, Berufserfahrungen)
- Berufsrelevante Fähigkeiten
- Gesundheitliche Situation und Umgang mit allfälligen Beeinträchtigungen
- Aktuelle Lebenssituation (Familie, Wohnen, Finanzen, Freizeit und Interessen, Kontakte und soziale Integration, Mobilität)
- Motivation, Einstellung zur Arbeit (idealerweise auch Kontrollüberzeugung, Kohärenzgefühl, Selbstwirksamkeit, Handlungsautonomie)
- Frühere bzw. bisherige Anstrengungen zur Integration in die Arbeit
- Bestehendes Unterstützungssystem (persönliches Umfeld und professionelles Hilfenetz)

Auch wenn Job Coaches betroffene Personen bei deren beruflicher Integration unterstützen und die professionelle Hilfe sich nicht – wie etwa im Case Management – auf alle Lebensbereiche und das Zusammenspiel aller Unterstützungsleistungen bezieht, sind beim Erarbeiten eines beruflichen Profils auch Aspekte zu berücksichtigen, die nicht direkt mit der Arbeit in Zusammenhang stehen. Ein rein berufliches Assessment wäre eine problematische Verkürzung, weil dabei die Gefahr besteht, dass mögliche Belastungen in anderen Lebensbereichen übersehen werden, welche die nachhaltige Integration beeinflussen können. Eine qualitative Untersuchung von Eva Mey und Fernanda Benz zu den Wirkungen und Wirkungsweisen von Arbeitsintegrationsprogrammen der Stadt Zürich zeigte eindrücklich, dass programmexterne Belastungen (z. B. Sucht, familiäre Probleme, ungelöste Wohnsituation) die (Des-)Integrations-Verläufe erheblich beeinflussen (können) und diesen deshalb im beruflichen Unterstützungsprozess Gewicht beigemessen werden sollte (Mey & Benz 2010, 8).

Methoden zur Erarbeitung eines beruflichen Profils

Mit den Ausführungen zur Frage, was zu einem beruflichen Profil gehört bzw. welche Informationen ein berufliches Profil enthalten muss, ist noch nichts dazu gesagt, wie ein berufliches Profil entsteht. Welche Methoden eignen sich dazu? Inwiefern können oder sollen standardisierte Instrumente eingesetzt werden? Drake und Becker (2003, 100) wie auch Doose (2007, 121) weisen darauf hin, dass die Erarbeitung eines beruflichen Profils als Prozess und nicht als Statuserhebung verstanden werden muss. Die Vorstellung, ein berufliches Profil könne in wenigen Sitzungen erarbeitet und damit abgeschlossen werden, wäre verfehlt. Vielmehr folgen auf die ersten Einschätzungen – quasi auf ein erstes Profil – im Verlauf des Unterstützungsprozesses weitere Erkenntnisse, z. B. in Form von Praktika, welche wiederum das Profil verändern. Becker und Drake betonen, dass sämtliche Erfahrungen und Schritte im Supported-Employment-Prozess das berufliche Profil beeinflussen (2003, 103). In diesem Sinne ist die Profilerarbeitung als Teil eines Beratungsprozesses zu sehen und zu konzipieren. Eine genaue, differenzierte Abklärung als diagnostische Tätigkeit ist im Supported Employment nicht vorgesehen. Im Zentrum stehen die Anliegen und Wünsche der Betroffenen und nicht die Expertise von Fachleuten. Die Relevanz der Informationen und Einschätzungen, die erhoben werden, ergibt sich nicht aus der Frage, wie gut diese die Ist-Situation zu erklären vermögen, sondern vielmehr im Hinblick darauf, wie wichtig die Informationen für das Finden und Halten einer Arbeitsstelle sein werden. Becker und Drake sind der Ansicht, dass anstelle von langen Abklärungen rasch mit der Stellensuche begonnen werden soll (2003, 100). Arbeitserprobungen wie Kurzpraktika oder Schnuppereinsätze betrachten Becker und Drake als Schlüssel für die Profilerstellung *(work based assessment).* Auch Stefan Doose ist der Meinung, dass standardisierte diagnostische Testverfahren wenig geeignet sind, um darauf aufbauend passende Arbeitsplätze zu finden (2007, 123).

Das zentrale Instrument zur Erarbeitung eines beruflichen Profils ist das Gespräch, wobei dieses gut mit Visualisierungen,[10] standardisierten Instrumenten[11] oder Fragebögen ergänzt und verbunden werden kann. Auch für die Gespräche selber können spezifische methodische Formen wie beispielsweise narrative Interviewtechniken eingesetzt werden (vgl. dazu Griese & Griesehop 2007, 23ff.; Hochuli Freund & Stotz 2011, 157ff.). Falls Klientinnen und Klienten vor Beginn des Suppor-

10 Generelle Visualisierungstechniken wie Mindmapping oder spezifische Formen zur Visualisierung von sozialen Systemen und Beziehungen (z. B. Genogramme, Zeitstrahl, Ökogramme, Netzwerkkarten u. Ä.).

11 Zur Erfassung von berufsrelevanten Fähigkeiten gibt es eine Reihe von standardisierten und z. T. auch validierten Instrumenten. Teilweise lassen sich mit diesen auch Anforderungen an Arbeitsplätze beschreiben, sodass Fähigkeitsprofil und Anforderungsprofil verglichen werden können (z. B. MELBA).

ted-Employment-Prozesses bereits in der Organisation gearbeitet haben, können selbstverständlich auch konkrete Beobachtungen genutzt werden. Die Palette an methodischen Zugängen ist breit und beinhaltet insgesamt folgende Möglichkeiten:

- Gespräche/Interviews (ggf. in Verbindung mit standardisierten Instrumenten und/oder nonverbalen Elementen wie Bildern, Visualisierungen, Aufstellungen usw.)
- Praktische Arbeitserprobungen
- Beobachtungen
- Auskünfte von Dritten
- Akten und Berichte
- Tests

Häufige Praxis ist die Gegenüberstellung von Selbst- und Fremdeinschätzungen. Dabei werden in Ergänzung zu den subjektiven Einschätzungen aus dem Gespräch zusätzlich Referenzauskünfte, zum Beispiel Einschätzungen von ehemaligen Arbeitgebenden, Therapeutinnen/Therapeuten, Ärztinnen/Ärzten u. Ä. eingeholt und die Selbst- und Fremdeinschätzungen im Gespräch mit der stellensuchenden Person verglichen. Dieser Zugang ermöglicht, subjektive Sichtweisen und Einschätzungen einzuordnen und realistische Ziele zu finden. Eine Gefahr dieses Vorgehens besteht allerdings darin, dass die Einschätzungen hierarchisch zueinander gestellt werden und die Expertise von Professionellen als richtig oder richtiger erachtet werden als die Äusserungen der Betroffenen. Um dies zu verhindern, sollten die Einschätzungen gleichberechtigt nebeneinander betrachtet werden. Unterscheiden sich Selbst- und Fremdeinschätzung, interessiert nicht richtig oder falsch, sondern der Unterschied als solches. So könnte beispielsweise im Gespräch mit der stellensuchenden Person nachgefragt werden, wie sie sich diese Unterschiede erklärt und wie damit umzugehen ist.
Thomas Rüst und Annelies Debrunner haben in ihrer Untersuchung zu Supported Employment in der Schweiz festgestellt, dass bezüglich dem methodischen Vorgehen bei der Profilerarbeitung erhebliche Unterschiede bestehen (2005, 57). «Während einzelne Fachstellen klare Abläufe erarbeitet haben, gehen andere sehr individuell vor» (57).
Tatsächlich ist die Balance zwischen strukturierten Abläufen und einem massgeschneiderten Vorgehen, das auf die Individualität des Einzelnen eingeht, eine Herausforderung für Job Coaches und Anbieter von Supported Employment. Ohne strukturierende Vorgehensweise und Methodik ist die professionelle Erarbeitung eines beruflichen Profils kaum möglich. Auf der anderen Seite verhindern starre Ablaufdiagramme und eng geführte Instrumente, auf die Individualität im Einzelfall einzugehen.

Berufliche Integrationsprozesse spielen sich im komplexen Zusammenspiel von Individuen und Gesellschaft ab. Soziale Prozesse sind komplex und unvorhersehbar. Es fehlt an einfachen Ursache-Wirkungs-Zusammenhängen und somit auch an der Möglichkeit, soziale Problemlagen mit einem spezifischen Verfahren zu lösen. In der Sozialen Arbeit spricht man dabei – auf Luhmann zurückgehend – von einem strukturellen Technologiedefizit (vgl. von Spiegel 2011, 42f.). Ursula Hochuli Freund und Walter Stotz folgern, dass das *professionelle Handeln nicht standardisierbar* ist (2011, 51) und machen deutlich, dass es keine Rezepte für die Bearbeitung von Fällen gibt und Prozesse in der Sozialen Arbeit deshalb nur in beschränktem Masse plan- und steuerbar sind (51). Das strukturelle Technologiedefizit und die Nichtstandardisierbarkeit des Handels, so Hochuli Freund und Stotz, können nur durch einen fallspezifischen rekonstruktiven Zugang kompensiert werden. Lebenssituationen und individuelle Schwierigkeiten sind auf dem Hintergrund der Biografie und der Lebenslage der Betroffenen zu *rekonstruieren* und zu *verstehen* (52). Dazu ist gemäss Hochuli Freund und Stotz ein wissensbasiertes Fallverstehen nötig (53).
Stehen Referenzauskünfte, Testergebnisse oder die Einschätzung der Job Coaches im Widerspruch zu den Sichtweisen der Betroffenen, sollten die Differenzen so weit wie möglich in konkreten Erfahrungen verifiziert werden können. Wenn Klientinnen bzw. Klienten beispielsweise Berufswünsche haben, welche sich aus Sicht der Expertinnen bzw. Experten kaum realisieren lassen, wäre es wünschenswert – was selbstverständlich nicht immer möglich ist –, dass die Betroffenen die gewünschte Tätigkeit kennenlernen könnten (über Besuche, Schnuppertage usw.). So können sie ihre eigenen Vorstellungen und Erwartungen überprüfen und allenfalls korrigieren und werden ermächtigt eigenständige Entscheidungen zu treffen (vgl. Fallporträt 3).
Zusammenfassend formuliert erfordert die Erarbeitung eines beruflichen Profils ein strukturiertes, aber auf den Fall bezogenes methodisches Vorgehen, bei dem die Person mit ihrer Biografie und in ihrer Lebenslage verstanden wird. Neben beruflichen Aspekten sind auch mögliche Belastungen in anderen Lebensbereichen zu beachten. Drittauskünfte, Praktika, Berichte, standardisierte Erhebungsinstrumente oder andere Methoden zur Erfassung von sozialen Situationen sind hilfreiche Ergänzungen für die Gespräche zwischen Job Coach und Klientin bzw. Klient, welche die Basis der Profilerarbeitung bilden. Die IPS-Vertreter Becker und Drake verweisen auf die Teamarbeit und zeigen auf, dass eine funktionierende Kooperation zwischen Job Coach und anderen Fachpersonen bessere Entscheidungen ermöglicht (2003, 102).

Berufliche Praktika

Auf die Bedeutung von Praktika oder Schnuppereinsätzen wurde bereits hingewiesen, wobei die Verwendung der Begriffe alles andere als klar und einheitlich ist. Schnuppereinsätze als kurzzeitige Einsätze (eine bis zwei Wochen) und Praktika (wenige Monate), verstanden als konkrete Arbeitserfahrungen in Betrieben des allgemeinen Arbeitsmarkts, liefern wichtige Erkenntnisse im ganzen Prozess der Profilerarbeitung bis hin zur Stellensuche, sodass diese in aller Regel unabdingbar sind. Praktika sind in der European Union of Supported Employment (EUSE) aber nicht unumstritten, weil sie – insbesondere wenn sie länger dauern und weil oft kein Lohn gezahlt wird – im Widerspruch zum Grundsatz der bezahlten Arbeit sowie dem Paradigma *first train, then place* stehen könnten (Supported Employment Schweiz 2012, 23). Nicht zuletzt aufgrund der Tatsache, dass ein grosser Anteil von Supported-Employment-Anbietern diese Möglichkeit bei der Unterstützung der Stellensuchenden faktisch nutzt, anerkennt und akzeptiert die EUSE Praktika als Bestandteil des Supported-Employment-Prozesses (25). Die EUSE weist allerdings darauf hin, dass Praktika im Kontext von Supported Employment nur im Hinblick auf eine Anstellung im allgemeinen Arbeitsmarkt organisiert werden sollten und diese zeitlich begrenzt (bis zwölf Wochen) bleiben sollten. Wichtig scheint mir zudem, dass die während des Praktikums gewonnenen Fähigkeiten und Erfahrungen zur Optimierung des beruflichen Profils und der Stellensuche genutzt werden.

Integrationsplanung

Die Übergänge von der Erarbeitung eines beruflichen Profils zur Integrationsplanung und dem Finden einer Arbeitsstelle sind fliessend. Ein berufliches Profil ist die Basis zur konkreten Planung der Integration in die Arbeit. In der Regel sind die beruflichen Zielsetzungen, d. h. die angestrebte berufliche Tätigkeit, mit der Erarbeitung des Profils bereits klar. Zu leisten ist die Verständigung mit Bezugspersonen und anderen involvierten Fachpersonen über die Zielsetzungen im Supported-Employment-Prozess. Wurde Supported Employment durch einen Kostenträger beauftragt, sind die Ergebnisse der Profilerarbeitung und der entsprechenden Ziele zudem mit der finanzierenden Instanz zu besprechen und oftmals auch in einem Bericht darzulegen. Eine sorgfältige Rückkoppelung der Ausrichtung des Supported-Employment-Prozesses bei den wichtigen Bezugs- und Fachpersonen im Fall sichert die nötige Akzeptanz für das weitere Vorgehen. Dabei sind auch die anstehenden Schritte und konkreten Massnahmen abzusprechen und verbindlich zu vereinbaren, wobei nicht nur Handlungen, sondern auch Verantwortlichkeiten und Rollen festzulegen sind. Meistens werden die Ziele und Massnahmen schriftlich in Dokumenten, welche als Aktionspläne, Zielvereinbarungen oder ähnlich bezeichnet werden, festgehalten und unterschrieben.

Schriftliche Ziel- und Handlungspläne schaffen Verbindlichkeit und Nachvollziehbarkeit. Allerdings ist darauf zu achten, dass mit der Verschriftlichung von Zielen das prozesshafte Vorgehen im Supported Employment nicht geschwächt wird. Umfassende Eingliederungspläne, wie sie Sozialversicherungen teilweise vorsehen, werden häufig als feststehende Soll-Vorgabe gesehen und später zur Erfolgsmessung herangezogen. Für die Arbeit im Supported Employment ist dieser Zugang wenig hilfreich. Umfassende Eingliederungspläne von Kostenträgern als Vorgabe für Klientinnen und Klienten oder übergeordnete Zielvorgaben für den Supported-Employment-Anbieter sind von den konkreten Zielen im Supported-Employment-Prozess zu trennen.

Den Klientinnen und Klienten soll bei der Integrationsplanung und -umsetzung grösstmögliche Eigenverantwortung übertragen werden. Beispielsweise können und sollen Stellensuchende andere involvierte Stellen, Behörden, Ärzte usw. so weit als möglich selber über die Ziele informieren. Bei der Kommunikation zwischen Job Coaches und anderen Fachpersonen oder Kostenträgern sind Persönlichkeits- und datenschutzrechtliche Bestimmungen einzuhalten.

Persönliche Zukunftsplanung

Eine spezifische Methode im Rahmen der Integrationsplanung ist die persönliche Zukunftsplanung, welche aus der Arbeit mit Menschen mit kognitiven Beeinträchtigungen stammt (Doose 2007, 124). Persönliche Zukunftsplanung fokussiert die Stärken und Fähigkeiten und unterstützt die Betroffenen bei der Erarbeitung und Umsetzung einer positiven und realistischen Vision einer lebenswerten Zukunft (Doose 2007, 125). Für die persönliche Zukunftsplanung sind Phasen vorgesehen, in denen mit verschiedenen Materialien (Bilder, Arbeitsblätter, Übungen) gearbeitet wird. Zentrales Element sind Zukunftsplanungstreffen, an denen mit persönlichen Bezugspersonen, die verschiedene Perspektiven einbringen können, Ideen bezüglich der Zukunft der planenden Person zusammengetragen werden (125).

Unterstützungskreise

Eng verbunden mit der persönlichen Zukunftsplanung ist auch die Bildung von Unterstützungskreisen. Die Idee ist einfach: Familie, Freunde, Bekannte, Bezugspersonen sollen beigezogen werden, um die Wünsche und Ziele der Klientin oder des Klienten zu verwirklichen. Langjährige Erfahrung mit Unterstützungskreisen hat das Angebot Spagat im österreichischen Vorarlberg, welches Unterstützungskreise vor allem einsetzt, um Kontakte zu Arbeitgebenden herzustellen und Schnupperpraktika zu ermöglichen (Basener 2012, 78). Die Erfahrungen von Spagat zeigen, dass der Einbezug von Bezugspersonen als Unterstützende deutlich mehr Vermittlungspotenzial bringt als die alleinigen Akquise-Bemühungen durch die Fachpersonen (78). Zu einem Unterstützungskreis gehören bei Spagat zwischen fünf und 15 Personen, welche von der stellensuchenden Person benannt und eingeladen werden. Der Job Coach strukturiert und moderiert die Treffen des Unterstützungskreises und stellt sicher, dass statt über Probleme konsequent über Lösungsmöglichkeiten gesprochen wird (80).

5.3. Arbeitsplatzfindung und Vermittlung

Mit dem beruflichen Profil und den Zielvorstellungen als Grundlage geht es in dieser Phase darum, einen geeigneten Arbeitsplatz zu finden und damit auch einen Arbeitgebenden als Partner zu gewinnen. Mit Beginn dieser Phase weitet sich somit der Fokus der Zusammenarbeit aus. Während sich bei der Erarbeitung des Profils die Zusammenarbeit in erster Linie zwischen Job Coach und Klientin bzw. Klient abspielt und Dritte nur punktuell einbezogen werden, kommen nun (potenzielle) Arbeitgebende als *Kunden* dazu. Die Erwartungen, Möglichkeiten und Grenzen von Arbeitgebenden interessieren in dieser Phase genauso wie die Anliegen der Stellensuchenden (Supported Employment Schweiz 2012, 33). Allerdings bleibt der personenzentrierte Ansatz insofern bestehen, als dass passende Arbeitsplätze für die Stellensuchenden und nicht passende Stellensuchende für offene Stellen gesucht werden. In diesem Sinne ist die Arbeitsplatzfindung und Vermittlung mehr Stellensuche als Personalvermittlung, weshalb Supported-Employment-Angebote oftmals auch begrifflich von Stellensuche oder -vermittlung statt von Personalvermittlung sprechen (Rüst & Debrunner 2005, 65f.). Ziel der Phase *Arbeitsplatzfindung und Vermittlung* ist es, eine bestmöglich passende (*Matching* zwischen Person und Stelle) zu finden und die Rahmenbedingungen der Anstellung zu regeln. Angesichts der Veränderungen des Arbeitsmarkts mit den steigenden Qualifikationsanforderungen, dem Wegfallen von einfachen Arbeiten u. Ä. (vgl. dazu ausführlich Kapitel 3.1.) ist das Finden von (bezahlten) Arbeitsplätzen für Personen mit Benachteiligungen eine grosse Herausforderung. Die Arbeitsplatzfindung verlangt viel Engagement und auch Frustrationstoleranz, weil die Akquisition von Stellen oftmals mit vergeblichen Bemühungen und vielen Absagen verbunden ist. Herkömmliche Stellensuchstrategien oder die Suchbemühungen vollständig den betroffenen Personen zu überlassen führt kaum zu Erfolg. Es braucht die Bereitschaft von Job Coaches, auch selber Stellen bzw. Arbeitgebende zu akquirieren und gemeinsam mit den Stellensuchenden auf die Person passende Strategien jenseits der herkömmlichen Stellensuche zu entwickeln. In diesem Zusammenhang häufig diskutiert wird das sogenannte *Job Carving* (Supported Employment Schweiz 2012, 28). Mit dem englischen Begriff ist das *Zuschneiden* oder das *Schaffen* eines Arbeitsplatzes gemeint. Mit Job

Carving sollen Arbeitsplätze zusammengestellt oder geschaffen werden, indem Teile von bestehenden Arbeitsplätzen oder zu erledigende Aufgaben (für die es aber bisher keine Stelle gab) in einem Betrieb ermittelt werden (28). Dieses Vorgehen braucht Kreativität und setzt von Job Coaches gute Kenntnisse der betrieblichen Abläufe und Aufgaben voraus. Obwohl dieser Ansatz in vielen Fällen erfolgreich ist, birgt er in der Erfahrung der European Union of Supported Employment (EUSE) auch die Gefahr, dass die so geschaffenen Arbeitsstellen nur vorübergehend sind und sich keine weiterführenden Perspektiven für die Arbeitnehmenden eröffnen (28).

Unbestritten in der Literatur zu Supported Employment ist, dass die Arbeitsplatzfindung und Vermittlung eine individuell abgestimmte Herangehensweise erfordert. Im Prozess lassen sich aber einzelne Funktionen erkennen und beschreiben, welche der Phase eine Struktur verleihen:

Abb. 9: Schritte der Arbeitsplatzfindung und Vermittlung

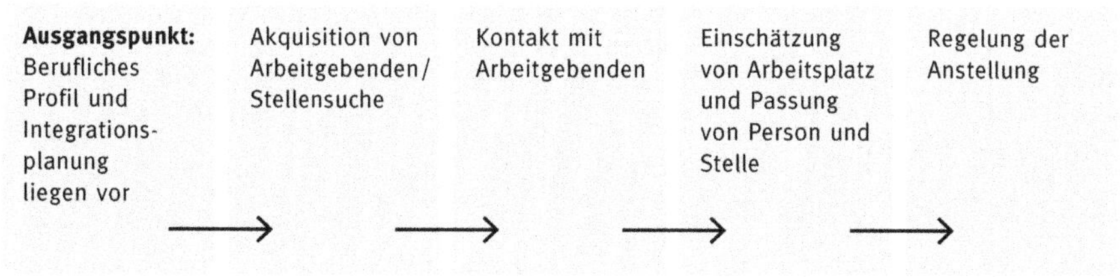

Akquisition von Arbeitgebenden/Stellensuche

Arbeitgebende und somit Stellen im allgemeinen Arbeitsmarkt zu finden setzt gute Kenntnisse des regionalen Arbeitsmarkts sowie der Spielregeln der Personalrekrutierung voraus. Job Coaches benötigen einen Überblick der unterschiedlichen Branchen und deren Entwicklungen. Sie brauchen Wissen zu unterschiedlichen Berufen und deren Anforderungen und sie benötigen Kenntnisse und konkrete Kontakte zu Arbeitgebenden in der Region. All dies muss aufgebaut werden. Die Akquisition von Arbeitgebenden beginnt deshalb unabhängig von einzelnen Fällen mit dem Aufbau eines Netzwerks zur Wirtschaft und Wirtschaftsunternehmen (vgl. Kapitel 4.). Da die meisten Supported-Employment-Anbieter Non-Profit-Organisationen sind und tendenziell wenig Kontakte mit Wirtschaftsunternehmen haben, müssen diese Beziehungen sukzessive und systematisch aufgebaut werden. Die Möglichkeiten dazu sind vielfältig. Neben den herkömmlichen Formen der Öffentlichkeitsarbeit sind zielgruppenspezifische Kommunikationsformen und Methoden zur Netzwerkbildung sinnvoll. Die dafür benötigten Ressourcen sind nicht zu unterschätzen. Zudem zeigt die Erfahrung von Sup-

ported-Employment-Anbietern, dass es für diesen Beziehungsaufbau auch die Leitungspersonen braucht, welche auf strategischer Ebene Partnerschaften etablieren können. Der Aufbau eines Netzwerks zu Arbeitgebenden kann also nicht ausschliesslich von den operativ tätigen Job Coaches geleistet werden.
Bei der Akquisition von Arbeitsplätzen können gemäss Stefan Doose zwei Vorgehensweisen unterschieden werden (2007, 128):

- Ein Arbeitsplatz wird für einen Pool von Bewerberinnen bzw. Bewerbern gesucht.
- Ein Arbeitsplatz wird für eine konkrete Bewerberin bzw. für einen konkreten Bewerber gesucht.

Im ersten Zugang steht die Vorstellung der eigenen Dienstleistung im Vordergrund. Man möchte eine tendenziell längerfristige Zusammenarbeit etablieren und die Vermittlung von noch zu bestimmenden Klientinnen und Klienten erreichen. Bei der zweiten Möglichkeit steht die Person des Stellensuchenden im Zentrum der Akquise. Beide Varianten sind in Zusammenhang mit Supported Employment denkbar und sinnvoll, wobei die erste primär zur obenstehenden Netzwerkbildung dient, während die zweite im Einzelfall zum Zuge kommt.
In der Umsetzung der Akquisition sind in einem ersten Schritt geeignete Betriebe zu identifizieren. Allenfalls können bestehende Kontakte wieder aufgenommen werden (Warmakquise) oder aber es sind neue Betriebe – zu denen noch kein Kontakt besteht – anzugehen (Kaltakquise). Es gilt die richtige Ansprechperson im Unternehmen zu finden sowie die Form der ersten Kontaktaufnahme (meist telefonisch, gefolgt von einem schriftlichen Dokument) festzulegen. Da offene Stellen im Arbeitsmarkt oftmals über informelle Kontakte besetzt werden (Doose 2007, 132), sollen im Rahmen der Stellensuche potenzielle Kontakte auch aus dem Umfeld des Stellensuchenden (vgl. Unterstützungskreise im Kapitel 5.2.) und des Job Coaches genutzt werden.
Die Aufgaben von Job Coach und Stellensuchenden bei der Akquise sind fallbezogen zu regeln, wobei auch hier gilt, dass die Klientinnen und Klienten so viel wie möglich selbständig machen sollten. Dazu gehört zum Beispiel die Auswahl von Adressen von möglichen Arbeitgebenden. Für die Wahl der Akquisitionsstrategien, zur Optimierung der Bewerbungsunterlagen und teilweise auch für die erste Kontaktaufnahme mit Arbeitgebenden braucht es aber oftmals den Job Coach.

Kontakt mit Arbeitgebenden

Ziel eines ersten Kontakts mit Arbeitgebenden ist in der Regel ein persönliches Treffen zu erreichen. Das persönliche Gespräch ist der Schlüssel zum Erfolg. Je

nach Situation geht es dabei um ein Akquisegespräch zwischen Arbeitgebendem und Job Coach oder bereits um ein Vorstellungsgespräch, zu dem der/die Stellensuchende mit oder ohne Job Coach erscheint. Job Coach und stellensuchende Person sollten sich in jedem Fall gut auf die erste Kontaktaufnahme vorbereiten und unkompliziert und zeitnah zur Verfügung stehen, wenn sich eine Türe für ein Gespräch öffnet.
Für die Kontakte und die Verhandlungen mit den Arbeitgebenden benötigen Job Coaches die Fähigkeit und Bereitschaft, sich in die Situation der Arbeitgebenden hineinzudenken. Die primären Ziele von Profit-Unternehmen sind Produktivität, Wirtschaftlichkeit und Rentabilität. Die Integration von Menschen mit Benachteiligungen hat für Unternehmen per se wenig Priorität und lässt sich vordergründig höchstens mit einer Unternehmensausrichtung als sozial verantwortliche Arbeitgeberin herleiten. Job Coaches müssen diese Ausgangslage anerkennen und gegenüber Unternehmen aufzeigen können, warum eine Integration von Stellensuchenden mit Handicaps aus betrieblicher Sicht von Nutzen sein kann und sich sogar betriebswirtschaftlich auszahlen kann. Die nachfolgende Aufzählung benennt mögliche Argumente, die – falls diese im konkreten Fall auch zutreffen – in Gesprächen mit Arbeitgebenden vorgebracht werden können:

- Die Stellensuchenden – Personen mit erschwertem Zugang zum Arbeitsmarkt – sind motivierte und zuverlässige Mitarbeitende.
- Der Job Coach kennt die zu vermittelnden Personen sehr gut und kann eine passende Besetzung von Stellen bzw. deren Anforderungen gewährleisten. Die passgenaue Vermittlung reduziert Rekrutierungskosten.
- Lohnkostenzuschüsse und finanzielle Absicherungen grenzen das finanzielle Risiko ein.
- Anpassungen von Arbeitsplätzen erhöhen die Effizienz.
- Der Job Coach unterstützt die Einarbeitung und steht dem Arbeitgebenden und dem Mitarbeitenden beratend zur Verfügung.
- Der Job Coach bietet eine langfristige und verlässliche Unterstützung und ist vor Ort, wenn Probleme auftreten.
- Das soziale Engagement für die Integration von benachteiligten Personen trägt zu einem positiven Unternehmensimage bei.
- Die betriebliche Integration von und die Zusammenarbeit mit Mitarbeitenden mit Leistungseinschränkungen trägt zur Verbesserung der Betriebskultur bei und kann sich positiv auf das Gefühl der Arbeitsplatzsicherheit und -zufriedenheit der Belegschaft auswirken.

Neben den Argumenten, welche für eine Anstellung von Menschen mit Benachteiligungen sprechen, sollten Job Coaches insbesondere auch auf Bedenken und mögliche Hinderungsgründe vorbereitet sein, die Arbeitgebende äussern könnten (vgl. Supported Employment Schweiz 2012, 84). Häufig geäusserte Bedenken und Hinderungsgründe sind:

- Keine freie Stelle bzw. fehlende Beschäftigungsmöglichkeit
- Es wird ein Mehraufwand für den Betrieb oder eine (zu hohe) Belastung des Teams befürchtet.
- Mögliche finanzielle (Versicherungs-)Risiken durch die Anstellung
- Der Arbeitgeber hat schlechte Erfahrungen (mit ähnlichen Integrationsversuchen) gemacht.
- Unsicherheit oder sogar Ängste im Umgang mit Mitarbeitenden mit Einschränkungen
- Vorurteile (bezüglich Motivation, Verhalten, Leistung usw.)
- Man möchte nicht mit schwierigen, belastenden Geschichten konfrontiert werden.
- Die Arbeitsbelastung oder wirtschaftliche Situation des Betriebs lassen (das zusätzliche) Engagement nicht zu.

Ein persönliches Gespräch mit dem Arbeitgeber bietet die Möglichkeit, auf die allfällig geäusserten Bedenken einzugehen und diese zu ergründen. So kann beispielsweise nachgefragt werden, inwiefern der Arbeitgeber eine Mehrbelastung des Teams befürchtet oder welche Situation zu der erwähnten schlechten Erfahrung geführt hat. Werden die Hintergründe der Befürchtungen von Arbeitgebenden verstanden, lassen sich ggf. auch Lösungen finden, die eine Vermittlung doch noch möglich machen. Die Beweggründe von Arbeitgebenden, (letztlich doch) Integrationsmöglichkeiten zu bieten, sind ebenfalls unterschiedlich:

- Persönliches Engagement oder Betroffenheit
- Positive Erfahrungen (in vergangenen Fällen)
- Soziale Verantwortung des Unternehmens
- Interesse an temporär und flexibel einsetzbaren Mitarbeitenden
- Image als sozialer Arbeitgeber
- Die Arbeitgebenden haben Personalbedarf und lassen sich auf eine etwas andere Anstellung ein.

In den letzten Jahren gab es auch einige Untersuchungen und Bachelorarbeiten, welche der Frage nach Anreizen oder Modellen zur Förderung der Bereitschaft von Unternehmungen, entsprechende Anstellungen zu ermöglichen, nachgegangen sind (Baumgartner et al. 2004; Baer 2006; Bracher et al. 2010; Faden & Galliker 2011). Finanzielle Hilfen (z. B. Einarbeitungszuschüsse) oder Risikomi-

nimierungen (Übernahme von arbeitsvertraglichen Risiken) scheinen für Arbeitgebende in der Querbetrachtung der genannten Studien eine gewisse Rolle zu spielen. Als wirkungsvoll werden aber auch die Möglichkeit zur Probearbeit sowie ausreichende Informationen (über die Beeinträchtigung der Stellensuchenden) und eine Begleitung durch eine Fachperson angesehen.
Eine Herausforderung in den Gesprächen mit Arbeitgebenden ist die Kommunikation von allfälligen Beeinträchtigungen der Klientinnen und Klienten. Beeinträchtigungen, welche die Arbeitsleistung und/oder das Verhalten am Arbeitsplatz tangieren, sind offenzulegen. Hierbei müssen nicht die Einschränkungen oder Behinderungen als solches benannt werden, sondern lediglich deren Auswirkungen auf die Arbeit und die Arbeitsumgebung. Diese Kommunikation ist anspruchsvoll. Es gilt zu vermeiden, dass die Offenlegung allfälliger Limitierungen zu einem einseitig negativen Bild führt, das jede Chance auf eine Vermittlung raubt. Stärken und Fähigkeiten sollen im Zentrum stehen, ohne dass dabei aber die Auswirkungen von Beeinträchtigungen auf die Arbeit verschwiegen werden. Arbeitgebende müssen wissen, woran sie mit dem Arbeitnehmenden sind, und werden sich nur auf eine Zusammenarbeit mit Job Coaches einlassen, wenn sie darauf vertrauen können, dass sie alle Informationen, die für sie relevant sind, erhalten und mit dem nötigen Support im Umgang mit möglichen Schwierigkeiten rechnen können. Das Sprechen über die eigene Krankheit oder Einschränkung macht vielen Stellensuchenden Mühe. Während es einigen wenig möglich ist, eigene Leistungseinschränkungen zu benennen, sprechen andere (zu) ausführlich und in einer nicht angemessenen und für sie nachteiligen Art über ihre Krankheit, Behinderung o. Ä. Die Klärung, *wer* Einschränkungen *wie* und *wann* gegenüber Arbeitgebenden thematisiert, gehört zum Prozess der Zusammenarbeit zwischen Job Coaches und Klientinnen und Klienten. Dabei ist den individuellen Wünschen und Möglichkeiten der betroffenen Person Rechnung zu tragen, wobei rechtliche Bestimmungen und Rahmenbedingungen zwingend zu beachten sind.

Einschätzung von Arbeitsplatz und der Passung von Person und Stelle
Besteht Aussicht auf eine passende Stelle, sind die genauen Anforderungen des Arbeitsplatzes und die Rahmenbedingungen seitens des Arbeitgebenden abzuklären. Dabei interessieren folgende Aspekte (in Anlehnung an Supported Employment Schweiz 2012, 85, und Doose 2007, 138):

- Funktion, mögliches Pensum, Arbeitszeiten, Ort (Erreichbarkeit)
- Aufgaben und Verantwortlichkeiten
- Anforderungen (bezüglich Fach-, Sozial-, Selbstkompetenzen sowie physische, psychische, kognitive und emotionale Belastungen bzw. Anforderungen)

- Erforderliche Leistungsfähigkeit und Arbeitsqualität (und evtl. -quantität)
- Arbeitsplatzgestaltung und -umgebung, inkl. Möglichkeiten der individuellen Gestaltung und Anpassung des Arbeitplatzes
- Personelle Einbindung bzw. kollegiales Umfeld (Personen, Arbeitsklima, Aufgaben, Kooperation, mögliche Anleiterinnen bzw. Anleiter)
- Betriebskultur, Umgang mit Mitarbeitenden
- Arbeitsvertragsrechtliche Rahmenbedingungen

Die Einschätzungen des Arbeitsplatzes bzw. Arbeitgebenden sollten dokumentiert werden und dienen damit als Grundlage für das *Matching*, also für die Klärung, inwiefern die Anforderungen der Stellen mit den Möglichkeiten und Zielen der stellensuchenden Person zusammenpassen (Supported Employment Schweiz 2012, 85). Es ist sorgfältig zu klären, ob die arbeitssuchende Person den Anforderungen der Stelle nachkommen kann und inwiefern die Stelle den Erwartungen der Person entspricht. Bereits in dieser Phase sind allfällige Anpassungen der Arbeitsumgebung oder ein Qualifizierungs- bzw. Unterstützungsbedarf zu erkennen und mit dem Arbeitgebenden zu thematisieren. Praktika sind auch in diesem Fall, also zur Klärung der Passung von Person und Arbeitsplatz, ein gutes Mittel. Die Erfahrungen vor Ort geben sowohl dem Arbeitgebenden als auch dem Arbeitnehmenden einen Einblick und eine gute Entscheidungsgrundlage. Selbstverständlich reibt sich das hier dargestellte idealtypische Vorgehen häufig mit den Realitäten der schwierigen Stellensuche. Oft ist man einfach froh, dass man überhaupt einen Arbeitsplatz gefunden hat, und möchte diese Gelegenheit gerne nutzen, auch wenn das *Matching* nicht ganz stimmt. Die Balance zwischen der Treue zum Konzept und der Bereitschaft, vorhandene Möglichkeiten pragmatisch zu nutzen, ist im Berufsalltag nicht leicht zu finden und verlangt neben einem fundierten fachlichen Verständnis im hohen Masse reflektierendes Handeln von Job Coaches.

Regelung der Anstellung

Ist ein passender Arbeitsplatz bzw. ein Arbeitgeber gefunden, sind schliesslich die Rahmenbedingungen der Anstellung zu klären und rechtlich korrekt und verbindlich festzulegen. Dazu gehören Aspekte des Arbeitsvertrags wie Lohn, Pensum, Arbeitszeit, Kündigung ebenso wie Versicherungsfragen zu Lohnfortzahlungen, Haftung usw. Die vertraglichen Aspekte können dabei sehr komplex sein, weil in der Praxis viele unterschiedliche Formen von Anstellungen umgesetzt werden. Gerade das viel genutzte Modell des Personalverleihs verlangt nach sorgfältigen Regelungen von Rechten, Pflichten und Versicherungsfragen. Teilweise werden Anstellungen auch über finanzielle Zuschüsse an Arbeitgebende gefördert, sodass neben der Vertragsbeziehung zwischen Arbeitgebendem und

Arbeitnehmendem auch (Vertrags-)Beziehungen zwischen Arbeitgebenden und Kostenträgern entstehen. Im nachfolgenden Beitrag von Peter Mösch Payot (vgl. Kapitel 7. - 9.) werden diese Aspekte aufgegriffen und rechtliche Fragen für die Vermittlungsarbeit diskutiert, weshalb an dieser Stelle nicht weiter auf dieses Thema eingegangen wird.
Neben den arbeitsvertraglichen Fragen ist auch die Zusammenarbeit zwischen Job Coach und Arbeitgeber zu thematisieren und ggf. im Rahmen einer Zusammenarbeitsvereinbarung schriftlich festzuhalten. Insbesondere wenn dem Arbeitgeber Aufgaben wie Leistungsbeurteilungen oder Ausbildungsaufgaben übertragen werden, sollten die Aufgaben, Verantwortlichkeiten und Kommunikationswege im Dreieck zwischen Arbeitnehmendem, Job Coach und Arbeitgeber sorgfältig geklärt werden (vgl. Fallporträt 3).

Rückkehr an den Arbeitslatz resp. Wiedereinstieg mit bestehendem Arbeitsverhältnis
Supported Employment bezieht sich auf das Finden und Halten von Stellen im allgemeinen Arbeitsmarkt. Damit werden primär Personen adressiert, welche keine Erwerbsarbeit (mehr) haben. Viele Anbieter und Fachstellen im Feld der Arbeitsintegration haben in den letzten Jahren aber sinnvollerweise auch Unterstützungsleistungen zur Erhaltung von bestehenden Arbeitsverhältnissen entwickelt. Zum Zeitpunkt der Untersuchung von Thomas Rüst und Annelies Debrunner waren es erst wenige Fachstellen, die in diesem Bereich aktiv waren (2005, 78). Inzwischen – auch im Zuge der IV, welche hauptsächlich mit der 5. IVG-Revision den Fokus auf die Verhinderung von Invalidität gelegt hat –, sind viele Angebote und Massnahmen dazugekommen. Einige dieser Angebote nehmen fachlich Bezug auf Supported Employment und orientieren sich am Paradigma der raschen Rückkehr *(first place)* und der Unterstützung nach der Rückkehr in den Betrieb *(then train)*. Eine explizite Phase zur Arbeitsplatzfindung und Vermittlung fällt in diesem Kontext weg, wobei allfällige Arbeitsplatzanpassungen oder Umplatzierungen an einen neuen Arbeitsplatz innerhalb des Betriebs viele Aspekte der Phase Arbeitsplatzfindung und Vermittlung aufweisen. Die Orientierung am Konzept Supported Employment halte ich deshalb auch im Kontext der Stellenerhaltung als angemessen und sinnvoll.

5.4. Unterstützung am Arbeitsplatz

Ist ein Arbeitsplatz gefunden oder kann die unterstützte Person an den Arbeitsplatz zurückkehren, beginnt die Phase der Unterstützung am Arbeitsplatz.[12] Supported Employment ist mit dem Stellenantritt nicht abgeschlossen. Damit unterscheidet sich das Konzept beispielsweise von der klassischen Arbeitsvermittlung, welche in der Regel mit der Unterzeichnung des Arbeitsvertrags endet. «Supported Employment ist mehr als eine passgenaue Vermittlung eines Arbeitsplatzes» (Doose 2007, 140).

Ziel der Phase Unterstützung am Arbeitsplatz ist die nachhaltige Sicherung der Integration. Neben der Begleitung der Einarbeitung und der kontinuierlichen Abstimmung zwischen den Arbeitsanforderungen und den Möglichkeiten der Person gehören dazu die Förderung der beruflichen Entwicklung sowie die persönliche Integration der betroffenen Personen im Betrieb. Arbeitnehmende sollen im Betrieb als geschätzte Mitarbeitende Fuss fassen und ihren Möglichkeiten entsprechend ihre Leistung erbringen und sich weiterentwickeln können. Das gelingt wiederum, wenn Arbeitgebende die neuen Arbeitnehmenden in ihrer Arbeitsausführung unterstützen und allfällige Besonderheiten im Verhalten oder der Leistungsfähigkeit verstehen und damit klarkommen. Das sind hohe Ansprüche, welche nicht immer erreicht werden können. Ob eine Anstellung nachhaltig sein wird, hängt von vielen Faktoren ab, die teilweise nicht im Einflussbereich des Job Coaches liegen. Rüst und Debrunner sprechen in diesem Zusammenhang von einem Kontrollverlust, mit dem der Job Coach in der Phase Unterstützung am Arbeitsplatz konfrontiert wird (Rüst & Debrunner 2005, 93). Dennoch ist die Unterstützung nach der Vermittlung ein entscheidender Erfolgsfaktor für eine nachhaltige Sicherung der beruflichen Integration von Menschen mit Benachteiligungen. Dabei gilt der Fokus nicht nur den Arbeitnehmenden. Der Schritt in den allgemeinen Arbeitsmarkt nach langer Arbeitslosigkeit, Krankheit oder mit Behinderung ist nicht nur für die Betroffenen schwierig und möglicherweise mit Ängsten behaftet. Auch Arbeitgebende sind oftmals verunsichert, wie einem neuen Arbeitnehmenden mit Unterstützungsbedarf – beispielsweise einer psychisch erkrankten Person – zu begegnen ist. Die Unterstützungsleistung des Job Coaches bezieht sich in dieser Phase deshalb sowohl auf den Arbeitnehmenden als auch auf den Arbeitgebenden und vollzieht sich im Dreieck zwischen Job Coach,

12 In Deutschland wird die Unterstützungsarbeit nach der Vermittlung auch Job Coaching genannt (Doose 2007, 140). Wie im Kapitel 1.1. ausgeführt, wird der Begriff Job Coaching in der Schweiz im Unterschied zu Deutschland hingegen nicht nur auf die Phase der Unterstützung am Arbeitsplatz beschränkt, sondern im Zusammenhang mit dem gesamten Prozess oder häufig auch ohne Bezug auf das Konzept des Supported Employment verwendet.

Arbeitnehmendem und Arbeitgebendem. Kostenträger und ggf. weitere professionelle oder persönliche Bezugspersonen erweitern das Zusammenarbeitssystem.

Abb. 10: Unterstützung im Dreieck

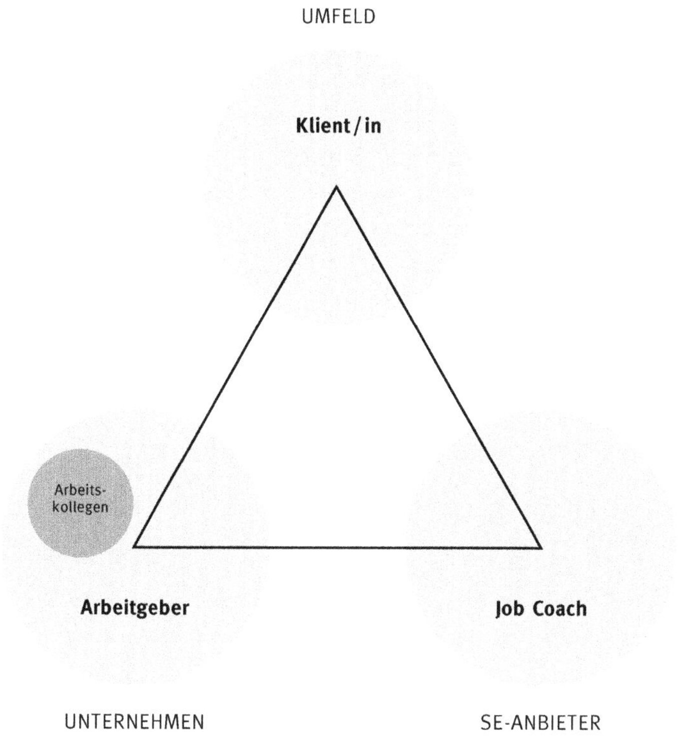

Verständnis, Struktur und Aufgaben der Unterstützung am Arbeitsplatz
In den Anfängen von Supported Employment richtete sich der Fokus nach der Vermittlung hauptsächlich auf die Qualifizierung der Arbeitnehmenden, d. h. auf das Training von beruflichen Fähigkeiten am Arbeitsplatz (Doose 2007, 140, oder Supported Employment Schweiz 2012, 35). Der Job Coach sah sich für das On-the-Job-Training zuständig. Der Betriebskultur und der verfügbaren kollegialen Unterstützung am Arbeitsplatz *(natural support)* wurde dabei wenig Aufmerksamkeit geschenkt (Supported Employment Schweiz 2012, 35). So konnten Arbeitnehmende zwar mithilfe von Job Coaches im allgemeinen Arbeitsmarkt arbeiten, waren teilweise aber wenig in den Betrieben eingebunden (Doose 2007, 140, mit Verweis auf Hagner 1988). Heute wird die Unterstützung am Arbeitsplatz verbreitet als ganzheitliche Unterstützung der betrieblichen Integration verstanden (Doose 2007, 141). Dabei knüpft das aktuelle Verständnis auch an professionelle

Coaching-Konzepte (vgl. Rauen 2003; Looss 1997; Radatz 2000) aus der Personalentwicklung und Beratung an. Stefan Doose meint, dass sich diese Konzepte mit Modifikationen auch als Denkrahmen für die Unterstützung von benachteiligten Personen am Arbeitsplatz eignen (2007, 143). Eine Modifikation ergibt sich in Bezug auf den Umstand, dass in Supported Employment sowohl Arbeitnehmende als auch Arbeitgebende unterstützt werden. Während sich traditionelle Coaching-Konzepte auf Einzelsituationen beziehen und auch der Job Coach bis zum Stellenantritt vor allem einzeln mit der stellensuchenden Person gearbeitet hat, richtet sich das Coaching nach der Vermittlung an zwei Personen. Rüst und Debrunner differenzieren in Anlehnung an Bronfenbrenner (1981) die einzelnen Beziehungen im Dreieck als Mikrosysteme und bezeichnen die Zusammenarbeit aller drei als Mesosystem (2005, 86f.). Mit dem Exosystem verweisen sie auf die Einbettung des Mesosystems in das Sozial- und Gesundheitswesen, während die Makroebene schliesslich den Bezug zur Gesellschaft und deren Werten sowie zu den rechtsstaatlichen Rahmenbedingungen herstellt (87f.). Die drei Mikrosysteme kennzeichnen sich durch jeweils eigene Rollen bzw. Beziehungen und Themen (86ff.):

- **Mikrosystem Job Coach – Klientin / Klient (Arbeitnehmender)**
  Rollen / Beziehung: Beratungsbeziehung zwischen Beratungsperson (Job Coach) und Klientin / Klient.
  Thema: Persönliche und arbeitsbezogene Unterstützung für die Klientin bzw. den Klienten
- **Mikrosystem Arbeitsplatz: Beschäftigte und vorgesetzte Person**
  Rollen / Beziehung: Arbeitsbeziehung zwischen Vorgesetzten und Arbeitnehmenden
  Thema: Übertragen bzw. Ausführen von Arbeiten
- **Mikrosystem Job Coach – vorgesetzte Person**
  Rollen / Beziehung: (Beziehungs-)Angebot für Support als Coach (gegenüber Vorgesetzten)
  Thema: Unterstützung, Entlastung und Information der Vorgesetzten

Während die ersten beiden Beziehungen relativ klar sind, ist letztere, d. h. die Beziehung zwischen Job Coach und vorgesetzter Person, zu Beginn noch sehr offen. Diese Art der Zusammenarbeit ist für Arbeitgebende und möglicherweise auch für die Job Coaches als Fachpersonen aus dem Sozialbereich neu. Es fehlen traditionelle Rollenmuster (Rüst & Debrunner 2005, 96). «Ist der Job Coach ein Anwalt, der die Interessen des Beschäftigten wahrnimmt? Ist sie Managementberaterin, die den Vorgesetzten coacht? Ist er Vertreter der Sozialbürokratie, der regulierend in Arbeitsverhältnisse eingreifen will oder diese zumindest überwacht? Ist er neutraler Supervisor, der den Eingliederungsprozess überwacht?»

(Rüst & Debrunner 2005, 96). Diese Fragen sind für die Akteure alles andere als klar und die Antworten darauf nicht eindeutig. Meistens sind es verschiedene Aspekte dieser Beschreibungen, welche auf den Job Coach in Bezug auf seine Rolle gegenüber dem Arbeitgebenden zutreffen. Bei aller Offenheit wird aber zumindest deutlich, dass zwischen Job Coaches und Vorgesetzten keine eigentliche Coaching-Beziehung im Sinne von Beraterin/Berater und Klientin/Klient vorausgesetzt werden kann. Ob und wie Unterstützung gefragt ist und geleistet werden kann, ob gewissermassen überhaupt so etwas wie eine Coaching-Beziehung zwischen Job Coaches und Vorgesetzten entsteht, ist zu Beginn offen und ergibt sich erst aus dem Prozess der Zusammenarbeit.

Ganz zentral neben den beschriebenen Mikrosystemen der Zusammenarbeit bleibt im Supported Employment die Zusammenführung der drei Beziehungen (Mesosystem), also die gemeinsame Zusammenarbeit von Job Coach, Arbeitnehmendem und Arbeitgebendem im Hinblick auf eine nachhaltige Integration. Das wichtigste Instrument dazu ist der Austausch bzw. sind Sitzungen mit den Beteiligten, welche häufig als Standortgespräche bezeichnet werden. Die Verbindlichkeit der Zusammenarbeit wird in der Praxis unterschiedlich gehandhabt. Während die Unterstützung durch den Job Coach bei einigen eher ein offenes Angebot darstellt, sehen andere klare Strukturen für die Begleitung durch den Job Coach vor. Die EUSE betont, dass die Unterstützung am Arbeitsplatz im Supported Employment wenn immer möglich kontinuierlich und langfristig erfolgen sollte (Supported Employment Schweiz 2012, 36). Dabei sind in einem ersten Schritt der Bedarf, die Ziele sowie die Art und Intensität der Zusammenarbeit im Unterstützungsprozess zu thematisieren. Auch die Verantwortlichkeiten, Aufgaben und Kommunikationswege sind zu klären. Folgende Fragen können dabei leitend sein:

Zum Bedarf:
- Welche Themen (z. B. Arbeitsplatzumgebung, Umgang mit Kritik) sollten berücksichtigt bzw. nicht aus den Augen gelassen werden (damit die Integration ein Erfolg wird)?

Zu den Zielen:
- Was erhofft sich (und befürchtet) der Arbeitnehmende, was möchte er/sie erreichen, was sind seine/ihre Ziele (auch Teilziele)?
- Welches sind die Erwartungen des Arbeitgebenden an den Mitarbeitenden?
- Gibt es Vorgaben und Erwartungen von Dritten (z. B. Kostenträger), welche bei der Zielorientierung zu berücksichtigen sind (und die diese ggf. beeinflussen oder behindern)?
- Wer kann was zur Erreichung der Ziele beitragen (auch Arbeitskollegen/-kolleginnen berücksichtigen)?

- Welche Schritte sind angezeigt, um die Ziele erreichen zu können?
- Was brauchen der Arbeitgebende, der Arbeitnehmende, aber auch Teamkolleginnen und -kollegen (z. B. Informationen, Handlungsspielräume, Entlastung), um die Zielerreichung bestmöglich unterstützen zu können?
- Welche Erwartungen haben die Beteiligten an die gegenseitige Zusammenarbeit?

Zur Art und Intensität der Zusammenarbeit:

- Wie organisieren/gestalten Job Coach, Arbeitgebender, Arbeitnehmender in Zusammenarbeit mit Dritten ihre gemeinsame Zusammenarbeit, damit die neue Anstellung gut funktionieren kann?
- Wann und wie oft sind gemeinsame Standortbestimmungen sinnvoll?
- Wer müsste dabei auch noch einbezogen oder zumindest informiert werden?
- Was braucht es ausser diesen Gesprächen?
- Was ist zu tun, wenn es nicht gut läuft bzw. wenn es Krisen gibt?

Verantwortlichkeiten, Aufgaben und Kommunikationswege:

- Welche Aufgaben bringen die Zusammenarbeit bzw. die unterschiedlichen Rollen mit sich (Arbeitgebende muss allenfalls beispielsweise eine Leistungsbeurteilung zuhanden der IV abgeben)?
- Wer «hütet» welche Themen bzw. wer ist für welche Aufgaben, Themen verantwortlich?
- Wie wird sichergestellt, dass notwendige Informationen fliessen?

Diese Fragen sind in den ganzen Unterstützungsprozess mitzunehmen. Der Job Coach gestaltet diesen interaktiven Prozess und steuert damit auch, welche Themen wo und wie bearbeitet werden.
Die nachfolgende Übersicht zeigt abschliessend die relevanten Aufgaben im Prozess der Unterstützung am Arbeitsplatz in einer Gesamtübersicht und ordnet diese den Systemen der Zusammenarbeit nach Rüst und Debrunner zu:

Abb. 11: Aufgaben bei der Unterstützung am Arbeitsplatz

MESOSYSTEM JOB COACH – ARBEITNEHMENDER – ARBEITGEBENDER	**Einarbeitung und Arbeitsausführung unterstützen** Die Unterstützung in der Arbeitsausführung und das Training von beruflichen Fertigkeiten (z. B. indem Kundengespräche geübt werden) entsprechen dem ursprünglichen Fokus der Unterstützung am Arbeitsplatz (vgl. oben). Je nach Anwendungsfeldern und Zielgruppen ist dieser Aspekt der Unterstützung ein mehr oder weniger wichtiger Teil der Aufgaben von Job Coaches.
	Ziele setzen, überprüfen und anpassen Neben der Erarbeitung von Zielen sind diese laufend zu überprüfen und anzupassen. Ziele sind als dynamisch und in Wechselwirkung mit den Erfahrungen der Betroffenen zu begreifen.
	Veränderungsmöglichkeiten und -spielräume identifizieren Aufgrund der Erfahrungen am Arbeitsplatz kann der Job Coach Veränderungsspielräume seitens des Arbeitgebenden und des Arbeitnehmenden ausloten und mögliche Anpassungen oder Unterstützungen anregen, sodass die Fähigkeiten der Person mit den Anforderungen des Arbeitgebenden möglichst gut übereinstimmen. Dazu braucht es tragfähige Lösungen, welche für den Betrieb und allfällige Teamkolleginnen und -kollegen machbar und nicht nachteilig sind. Es gilt aber auch, die Grenzen von Betrieben und den Mitarbeitenden zu erkennen und zu realisieren, wenn eine Anstellung beendet werden muss.
	Feedbacks und Anerkennung ermöglichen Zentrales Instrument im Unterstützungsprozess sind Feedbacks. Anhand von Rückmeldungen können sich alle Beteiligten ein Bild zum Verlauf verschaffen. Arbeitsbezogene Einschätzungen sind die Basis für Standortbestimmungen und Zielüberprüfungen. Zudem geben sie den Beteiligten Sicherheit und vermitteln Anerkennung. Job Coaches sind weniger selbst Feedbackgeber als dass sie Feedbacks zwischen Arbeitgebenden und Arbeitgebenden ermöglichen und einfordern. Zur Einschätzung des Verlaufs können auch eine Reihe von Instrumenten (vgl. Kapitel 5.2.) eingesetzt werden.
	«Übersetzen», sensibilisieren, informieren Die Rolle des Job Coaches wird manchmal als die einer Übersetzerin bzw. eines Übersetzers bezeichnet. Damit wird zum Ausdruck gebracht, dass der Job Coach eine wichtige vermittelnde Funktion zwischen Arbeitnehmenden und Arbeitgebenden (und manchmal auch zu Arbeitskolleginnen und -kollegen der unterstützten Person) hat. Damit Verhaltensweisen des Arbeitnehmenden, Vorgaben des Arbeitgebenden o. Ä. eingeordnet und verstanden werden können, sind kommunikative Klärungsprozesse notwendig, die der Job Coach unterstützt und in eine Sprache übersetzt, welche die jeweilige «andere Welt» versteht.
	Krisen frühzeitig erkennen und bewältigen Mögliche Krisen oder Schwierigkeiten sollten möglichst frühzeitig erkannt und damit abgefangen werden können. Dafür sollten Job Coaches mit den Arbeitnehmenden und Arbeitgebenden mögliche Frühwarnzeichen und Handlungsoptionen diskutieren. Es sollte den Beteiligten klar sein, was zu tun ist, wenn eine Krise eintritt.

MIKROSYSTEM JOB COACH – ARBEITNEHMENDER	**Verarbeitung und Reflexion von Situationen am (neuen) Arbeitsplatz ermöglichen** Die (Wieder-)Aufnahme der Arbeit ist für die unterstützten Personen mit vielen Eindrücken und Emotionen, auch Ängsten und Unsicherheiten verbunden. Job Coaches sind in dieser Phase wichtige Ansprechpersonen, damit Betroffene ihre Erlebnisse und Befindlichkeiten reflektieren und verarbeiten können *(emotional support)*.
	Klientinnen und Klienten beraten und fördern In Zusammenhang mit dem beruflichen Einstieg und den damit zusammenhängenden neuen Alltags- und Beziehungssituationen gibt es möglicherweise eine Reihe von Fragen und Herausforderungen, mit denen Klientinnen und Klienten konfrontiert werden. Job Coaches beraten – in Abgrenzung zu möglichen begleitenden therapeutischen Settings – ihre Klientinnen und Klienten bei der Erarbeitung und Entwicklung von konkreten Handlungsstrategien.
	Unterstützung in ausserberuflichen Themen leisten Auf die Bedeutung der nicht arbeitsbezogenen Themen und deren Einfluss auf die berufliche Integration wurde bereits an anderer Stelle hingewiesen. Vor diesem Hintergrund sind auch ausserberufliche Themen und allfällige Belastungen im Job Coaching nicht aus den Augen zu verlieren und bei Bedarf mögliche Unterstützungen einzuleiten oder zu koordinieren.
MIKROSYSTEM JOB COACH – VORGESETZTE PERSON	**Arbeitgebende entlasten und informieren** Neben der angemessenen Information des Arbeitgebenden über den Mitarbeitenden und den geplanten Unterstützungsprozess (vgl. oben) sollten Job Coaches die Arbeitgebenden so weit als möglich von administrativen Aufgaben, welche der Supported-Employment-Prozess mit sich bringt, entlasten.
	Nach Bedarf: **Arbeitgebende beraten** Job Coaches stehen mit dem Verständnis der Unterstützung von Arbeitgebenden und Arbeitnehmenden auch den Vorgesetzten als Coach zur Verfügung. Inwiefern die vorgesetzte Person einen Support benötigt bzw. nachfragt und entsprechende Beratungsleistungen geleistet werden, ist vom Einzelfall abhängig und mit den Beteiligten (auch dem Arbeitnehmenden) sorgfältig abzusprechen.
MIKROSYSTEM ARBEITNEHMENDER – VORGESETZTE PERSON	**Den Arbeitnehmenden in der Arbeitsausführung unterstützen** Die Beziehung zwischen Vorgesetztem und Arbeitnehmendem entsprechen primär der normalen Arbeitsbeziehung zwischen Mitarbeitenden und Führungspersonen. Vorgesetzte sind Vorgesetzte und keine Betreuungspersonen. Ein besonderer Unterstützungsbedarf, der nicht über die üblichen Arbeitshilfsmittel oder als Teil der alltäglichen Arbeitsanweisungen geleistet werden kann, sollte so weit als möglich in die Arbeitsabläufe und in die Zusammenarbeit unter Teamkolleginnen und -kollegen integriert werden. Eine gute Möglichkeit ist, Arbeitskolleginnen und -kollegen als Mentorinnen und Mentoren oder Paten für die unterstützte Person einzusetzen. Die Ausübung dieser Funktion sollte allerdings freiwillig erfolgen. Generell ist darauf zu achten, dass die Integration der neuen Mitarbeiterin bzw. des neuen Mitarbeiters nicht zu einer dauerhaften Belastung oder Mehrarbeit bei den Arbeitskolleginnen und -kollegen führt. Die kollegiale Unterstützung am Arbeitsplatz ist eine wertvolle Ressource, die nicht so weit strapaziert werden darf, dass sich Kolleginnen und Kollegen abwenden.

Besonderheit Supported Education

Eine besondere Ausprägung bekommt die Phase Unterstützung am Arbeitsplatz, wenn die unterstützte Person in einer Berufsausbildung steht (vgl. Fallporträts 2 und 3). Job Coaches begleiten in diesem Fall nicht ein Arbeitsverhältnis *(supported employment)*, sondern eine Ausbildung *(supported education)*. Dementsprechend sind auch die schulische Bildung und – je nach Zielgruppe – allenfalls ein Lern-Coaching Teil der Unterstützungsarbeit. Die schulische Bildung erfolgt in der Regel an einer Berufsschule. Job Coaches unterstützen das berufliche Lernen und gestalten und koordinieren die Verbindungen zwischen Lehrbetrieb, Berufsschule und auszubildender Person. Im Rahmen von praktischen Ausbildungen kann aber auch die berufliche Bildung Teil des Job Coachings sein (vgl. Fallporträt 3). In diesen Fällen sind entsprechende Kompetenzen von Job Coaches unumgänglich. Der Prozess und die Zusammenarbeit verändern sich in diesen Fällen auch dahingehend, dass der Job Coach auch die Rolle einer Lehrperson einnimmt. Die Zielgruppe von Supported Education sind meist Jugendliche oder junge Erwachsene, sodass neben dem Aspekt der schulischen Bildung auch jugendspezifische Aspekte zu berücksichtigen sind.

6. Perspektiven von Supported Employment in der «Landschaft» der Arbeitsintegration

Es wurde bereits erwähnt, dass Supported Employment bzw. dessen Umsetzung in der Schweiz zwar nicht neu ist, aber doch noch in einer Art Pionierstadium steht (vgl. dazu Kapitel 1.2. und 4.). Zwar sind in verschiedenen Anwendungsfeldern Angebote entstanden, welche sich auf Supported Employment beziehen, doch diese sind in der Mehrheit klein geblieben und werden oftmals von einzelnen engagierten Personen getragen. Supported Employment ist immer noch nicht Teil des Leistungskatalogs der sozialen Sicherungssysteme, und dementsprechend steht die Finanzierung auf wackligen Beinen (vgl. Kapitel 3.2. und 3.3.). Inwieweit das wachsende Interesse an Supported Employment, welches wir in den letzten Jahren beobachten, dazu führt, dass sich das Konzept und entsprechende Angebote etablieren werden, ist offen. Aus meiner Sicht wird es dabei unter anderem auf zwei Punkte ankommen:

- Die Entwicklung wird von der Frage beeinflusst werden, wie Supported-Employment-Angebote umgesetzt werden und wie deren Umsetzung finanziert wird. Damit Supported Employment halten kann, was es verspricht, und somit auch als Konzept und Begriff Profil bekommt, ist es notwendig, dass die konkrete Ausgestaltung der Angebote den zentralen Anliegen des Konzepts des Supported Employment entsprechen und in diesem Sinne umgesetzt (auch finanziert) werden können. Werden wichtige Anliegen (z. B. Selbstbestimmung) in der Umsetzung nicht berücksichtigt, wird der Begriff ausgehöhlt und zu einem Etikett ohne Inhalt werden.
- Ob und wie sich Supported Employment weiter etablieren kann, wird auch von der Frage beeinflusst sein, inwiefern die Zusammenarbeit mit der Wirtschaft gelingt. Supported Employment braucht Unternehmen und Betriebe als Partner. Es müssen Arbeitsplätze gefunden oder geschaffen werden können.

Damit sind aber nicht nur Arbeitgebende und ihre Bereitschaft angesprochen. Appelle und (idealistische) Forderungen an die Arbeitgebenden sind wenig Erfolg versprechend. Vielmehr braucht es Modelle und Rahmenbedingungen, mit denen Unternehmen auch im heutigen Arbeitsmarkt als Arbeitgebende für Personen mit Benachteiligungen gewonnen und in eine verbindliche Verantwortung gebracht werden können. Neben Diskussionen um sozial-, steuer- und wirtschaftspolitische Möglichkeiten verlangt diese Herausforderung auch partnerschaftliche Formen in der Zusammenarbeit zwischen Sozialwesen und Wirtschaft und eine Vermittlungspraxis, welche über funktionierende Instrumente verfügt, um Arbeitgebende gewinnen zu können.

Auf die Tatsache, dass es einen zunehmenden Anteil von Personen gibt, der kaum Aussicht auf einen (Wieder-)Einstieg in den Arbeitsmarkt hat, wird heute zunehmend mit der Schaffung von unbefristeten Arbeitsplätzen in Einrichtungen des ergänzenden Arbeitsmarkts reagiert. Langfristige Beschäftigungsmöglichkeiten für Personen, die keine Arbeit finden, sind ein wichtiges Instrument im Leistungsangebot der sozialen Sicherungssysteme. Arbeitsmöglichkeiten in Werkstätten bzw. geschützte Arbeitsplätze für Menschen mit Behinderung oder Dauerarbeitsplätze in Sozialfirmen für Sozialhilfe beziehende Personen braucht es. Wenn solche Plätze aber sukzessive ausgebaut werden (müssen), weil eine wachsende Zahl von Personen dauerhaft vom allgemeinen Arbeitsmarkt ausgeschlossen bleibt, ist das problematisch. Wo führt diese Entwicklung hin? Wird mit der Förderung von gesonderten Einrichtungen für Menschen, die anderweitig keine Arbeitsstelle finden, nicht deren Ausschluss vorangetrieben? Die betroffenen Personen haben zwar eine Tätigkeit, sind aber vom Erwerbsleben als wichtigem gesellschaftlichem Partizipationsbereich ausgeschlossen. Als Reaktion auf die steigende Sockelarbeitslosigkeit und die stetig steigenden Anforderungen an Arbeitnehmende braucht es – statt eines stetigen Ausbaus eines ergänzenden Arbeitsmarkts – Modelle, welche die berufliche Teilhabe innerhalb der Arbeitsgesellschaft ermöglichen. Genau darin liegt das Potenzial von Supported Employment. Mit dem Konzept können auch im heutigen Arbeitsmarkt Modelle zur Teilhabe von Menschen mit Beeinträchtigungen im Arbeitsleben realisiert werden.
Supported Employment ist aber keine Universallösung. Vorbereitende Arbeitstrainings oder dauerhafte Beschäftigungsmöglichkeiten wird es weiterhin ebenso brauchen wie auch die Entwicklungen im Arbeitsmarkt insgesamt kritisch zu diskutieren sind. Der Diskurs über die Möglichkeiten der Arbeitsintegration und die Bedeutung der Erwerbsarbeit ist wach zu halten. Die aktuellen Modelle zur Förderung der Arbeitsintegration können durch Supported Employment aber sinnvoll ergänzt werden. Nicht *anstelle* von, sondern *neben* anderen Angeboten kann und könnte Supported Employment die Möglichkeiten der Arbeitsintegration er-

weitern. Supported Employment würde auf arbeitsmarktpolitischer Ebene neue Zugänge für die Erreichung der sozialstaatlichen Integrationsziele schaffen – und auf der individuellen Ebene Zugehörigkeit statt Ausschluss ermöglichen.

Teil III: Arbeitsrechtliche Fragen rund um Supported Employment

von Peter Mösch Payot

Die Vermittlung von Personen in den allgemeinen Arbeitsmarkt bringt eine Reihe von arbeitsrechtlichen Fragen mit sich. Im Folgenden sollen einige wesentliche vertragliche Aspekte und Gestaltungsmöglichkeiten skizziert werden. Der Vollständigkeit halber sei darauf verwiesen, dass sich darüber hinaus häufig weitere Rechtsfragen stellen, die im Rahmen dieses kurzen Abrisses nur angedeutet werden können und häufig nur aufgrund der konkreten Fallsituation beantwortbar sind:

- Rechtsfragen im Rechtsverhältnis zwischen Zuweisern/Finanzierern und Einsatzbetrieben/Arbeitgebenden, etwa im Zusammenhang mit Melderechten, Meldepflichten und Datenschutz/Informationsaustausch
- Haftpflichtrechtliche Fragen gegenüber den einzugliedernden Beschäftigten und gegenüber Dritten
- Sozialversicherungsrechtliche Fragen, etwa die Frage der Unterstellung der entsprechenden Beschäftigungsverhältnisse unter die einzelnen Pflichtversicherungen (UVG, Pensionskasse usw.)
- Frage der Aufnahme in überobligatorische Versicherungen (insbesondere Pensionskasse, eventuell betriebliche Unfallversicherung, allfällige Kollektiv-Krankentaggeldversicherung)
- Fragen der Anwendung von Gesamtarbeitsverträgen auf Integrationsbeschäftigungsverhältnisse und Arbeitsversuche für den entsprechenden Betrieb und die jeweilige Branche, insbesondere im Zusammenhang mit Mindestlöhnen, Lohnfortzahlung bei Krankheit bzw. Krankentaggeldversicherungsunterstellung und Kündigungsschutzbestimmungen.

Im Folgenden soll primär die oft schwierige Frage der Charakterisierung einer Beschäftigung als Arbeitsvertrag erläutert werden, insbesondere werden die Kriterien für das Vorliegen eines Arbeitsvertrags und besondere Formen wie der Personalverleih und ihre Folgen skizziert werden (Kapitel 7.). Dann werden die bei Vorliegen eines Arbeitsvertrags anwendbaren wesentlichen Sozialschutzbestimmungen benannt (Kapitel 8.). Insoweit wird auch auf vertragliche Gestaltungsmöglichkeiten aufmerksam gemacht, welche es je nach Fall erleichtern können, im Rahmen von Supported Employment Beschäftigungsverhältnisse zu ermöglichen.

7. Rechtliche Rahmenbedingungen bei Arbeitsverträgen

7.1. Arbeitsverträge und andere Verträge auf Arbeitsleistung

Bei Arbeitsleistungen bestehen grundsätzlich verschiedene Vertragsarten, die Arbeitsleistungen zum Inhalt haben können und die sich in den Rechtsfolgen unterscheiden. So bestehen unter anderem Verträge mit Selbstständigen (Auftrag, Werkvertrag usw.), Gesellschaftsverträge wie die einfache Gesellschaft oder öffentliche Dienstverhältnisse.[13]

Von besonderer Bedeutung im Zusammenhang mit Arbeitsvermittlung und Supported Employment ist der **Arbeitsvertrag gemäss Art. 319 ff. OR.** Beim Typus des privatrechtlichen Arbeitsvertrages bestehen dabei besondere Sozialschutzbestimmungen. Soweit es um eine Anstellung bei der öffentlichen Hand geht (etwa bei einer Gemeinde oder einem Kanton), so ist das jeweilige öffentliche Personalrecht anwendbar, das aber meist ähnliche oder bessere Sozialschutzbestimmungen vorsieht.

Die Frage, ob ein Arbeitsvertrag vorliegt, ist von entscheidender Bedeutung, weil sie darüber entscheidet, ob bei einer Anstellung die zum Teil zwingenden arbeitsvertragsrechtlichen Regeln anwendbar sind.[14] Diese Frage nach der Charakterisierung des Vertrags als Arbeitsvertrag richtet sich nicht etwa nach der äusseren Titulierung des Vertrags, sondern nach dem tatsächlichen, ganz konkreten Inhalt der Vereinbarung. Ein Arbeitsvertrag liegt immer dann vor, wenn

13 Vgl. Geiser/Müller (2012), S. 37ff.; Dunand/Mahon (2013), S. 1ff.

14 Es ist zu beachten, dass die Frage der sozialversicherungsrechtlichen oder ausländerrechtlichen Qualifikation der Beschäftigung selbstständig erfolgt und von der vertragsrechtlichen Charakterisierung abweichen kann. Vgl. dazu Streiff/von Kaenel/Rudolph (2012), S. 71ff.

- eine **Arbeitsleistung**, also ein planmässiges, körperliches oder geistiges Tätigwerden zur Erreichung eines Arbeitsergebnisses geschuldet ist.
- der Arbeitgeber zur **Entrichtung eines Lohns** verpflichtet ist. Das heisst, dass es sich nicht um eine Gefälligkeitsarbeit handeln darf. Ein entsprechender Lohn ist gemäss Gesetz auch dann geschuldet, wenn der Arbeitgeber Arbeit in seinem Dienst auf Zeit entgegennimmt, deren Leistung nach den Umständen nur gegen Lohn zu erwarten ist (Art. 320 Abs. 2 OR).[15]
- diese Arbeitsleistung unter Leitung und nach Weisung des Arbeitgebers erfolgt, also unselbstständig, fremdbestimmt und in persönlicher Abhängigkeit erbracht wird. Man spricht insoweit von einem **Subordinationsverhältnis und der Eingliederung in eine fremde Arbeitsorganisation.** Ob so eine Abhängigkeit vorliegt, richtet sich nach den gesamten konkreten Umständen, insbesondere nach dem Grad der Weisungsgebundenheit, den Verpflichtungen, bestimmte Arbeitszeiten einzuhalten, der Beschäftigungsdauer, der Ausrüstung mit Arbeitsgeräten und der Verpflichtung zur Tätigkeit an bestimmten Orten.
- die Arbeitsleistung als **Dauerschuldverhältnis** auf bestimmte oder unbestimmte Zeit abgemacht wird.[16] Ein Arbeitsvertrag liegt also auch dann vor, wenn er von Vornherein befristet wird.

Ob ein Arbeitsvertrag vorliegt, ist im Einzelfall aufgrund der gesamten Umstände anhand aller dieser Elemente zu beurteilen.[17] Höchstens als Indizien, aber nicht als entscheidende Faktoren, spielen hierbei etwa die Bezeichnung der Parteien[18] oder die Einstufung durch die Sozialversicherungen[19] eine Rolle. Arbeitsverträge sind auch formlos gültig (Art. 320 Abs. 2 OR), wobei Schriftlichkeit ratsam ist. Bei Arbeitseinsätzen im Zusammenhang mit Integration und Supported Employment kann sich dabei vor allem die Frage stellen, ob die Elemente der **«Arbeitsleistung, die auf das Erzielen eines Arbeitsergebnisses gerichtet ist»** und der **«Verpflichtung zur Entrichtung eines Lohns»** verwirklicht sind. Dient die Arbeitsleistung einzig zur Beschäftigungstherapie und nicht zu einem objektiv verwertbaren Arbeitsergebnis, so liegt kein Arbeitsvertrag vor.[20] Ist die Arbeit also reiner Selbstzweck, liegt kein Arbeitsvertrag vor. Soll aber ein (vielleicht bescheidenes) verwertbares Ergebnis hervorgebracht werden, so ist das Kriterium der Arbeitsleistung erfüllt. So eine Arbeitsleistung kann auch dann vorliegen, wenn das Motiv der Tätigkeit die Abklärung der Leistungsfähigkeit ist. Entscheidend ist einzig,

15 Dazu besteht eine reiche Gerichtspraxis. Siehe im Einzelnen Streiff/von Kaenel/Rudolph (2012), S. 139 ff.
16 Siehe dazu Geiser/Müller (2012), S. 37ff.; Streiff/von Kaenel/Rudolph (2012), S. 72.
17 So auch Bundesgerichtsentscheid 4C.226/2003 vom 25.2.2004.
18 Vgl. Bundesgerichtsentscheid 4C.39/2005 vom 20.12.2004.
19 Vgl. dazu Bundesgerichtsentscheid 2C_714/2010 vom 14.12.2010 E. 3.4.2.
20 Vgl. Urteil des Arbeitsgerichts Zürich vom 22.3.1988.

ob die konkrete Tätigkeit auf das Erbringen eines Arbeitsergebnisses gerichtet ist, unabhängig von weiteren Motiven und Zielen der Tätigkeit.[21] Gleiches gilt für das Entgelt: Ein Lohn, der – zum Beispiel wegen geringer angenommener Leistungsfähigkeit – (vorerst) nur gering ist, ändert noch nichts am Charakter des Vertrags als Arbeitsvertrag. Auch die Flexibilität oder Leistungsbezogenheit des Lohns oder gewisser Lohnbestandteile (etwa Akkordlohn usw.) sind nicht ausschlaggebend.

Liegt kein Arbeitsvertrag vor, so können die Sozialschutzvorschriften nach Art. 319 ff. OR nicht direkt angewendet werden, sondern es sind die anwendbaren Regeln konkret aufgrund der auf dem Spiel stehenden Interessen zu bestimmen. Als primäre Grundlage eines solchen Vertrags gilt dann Auftragsrecht (Art. 394 Abs. 2 OR), wobei die Bestimmungen des Arbeitsvertragsrechts eventuell analog Anwendung finden können. Entsprechende Konstellationen können vorliegen etwa beim Arbeitsversuch[22] oder bei Beschäftigungen, die rein auf Abklärung oder Therapie ausgerichtet sind.

7.2. Besondere Arbeitsverhältnisse im Zusammenhang mit Supported Employment

Leiharbeitsverhältnis und Arbeitsvermittlung

Bei auf Integration gerichteten Arbeitsverhältnissen bestehen zum Teil Formen geteilter Arbeitgeberschaft. Namentlich ist dies der Fall beim **Personalverleih**, wo der Personalverleiher dem Arbeitnehmer gegenüber einen Anspruch auf Arbeitsleistung hat und dieser dafür synallagmatisch ein Entgelt für die Arbeitsleistung (Lohn) beanspruchen kann. Die Arbeitsleistung wird aber tatsächlich in einem Einsatzbetrieb geleistet, der darauf im Rahmen eines Leihvertrages Anspruch gegenüber dem Personalverleiher hat, das Weisungsrecht wird dann aber vom Einsatzbetrieb stellvertretungsweise gegenüber dem Arbeitnehmer wahrgenommen. Auch ein solcher Vertrag des Arbeitnehmers mit einem Personalverleiher ist ein Arbeitsvertrag, mit der Besonderheit, dass der Arbeitgeber die vertragliche Berechtigung erhält, den Arbeitnehmer bei einem Dritten einzusetzen und mit der Folge, dass besondere Schutzregeln des Arbeitsvermittlungsgesetzes zu beachten sind:[23] Für den Personalverleihvertrag bestehen Bewilligungspflichten, der Leiharbeitsvertrag ist schriftlich abzuschliessen und hat die wesentlichen Vertragsinhalte zu beachten; auch bestehen Mindestleihfristen oder das Verbot der Erschwerung des Übertritts des Arbeitnehmers in einen Arbeitsvertrag mit

21 Zweifelnd Müller (2012), S. 532.

22 Siehe Urteil des Arbeitsgerichts Zürich vom 22.3.1988. Zum Arbeitsversuch nach IVG siehe Ziff. 7.2.

23 Vgl. zum Ganzen Geiser/Müller (2012), S. 65ff.; Streiff/von Kaenel/Rudolph (2012), S. 119ff.

dem Einsatzbetrieb. Insbesondere müssen überdies bei allgemein verbindlich erklärten Gesamtarbeitsverträgen in der Branche des Einsatzbetriebs dessen Bedingungen auch im Leiharbeitsvertrag eingehalten werden.[24]

Abb. 12: Rechtsverhältnisse bei der Arbeitsvermittlung

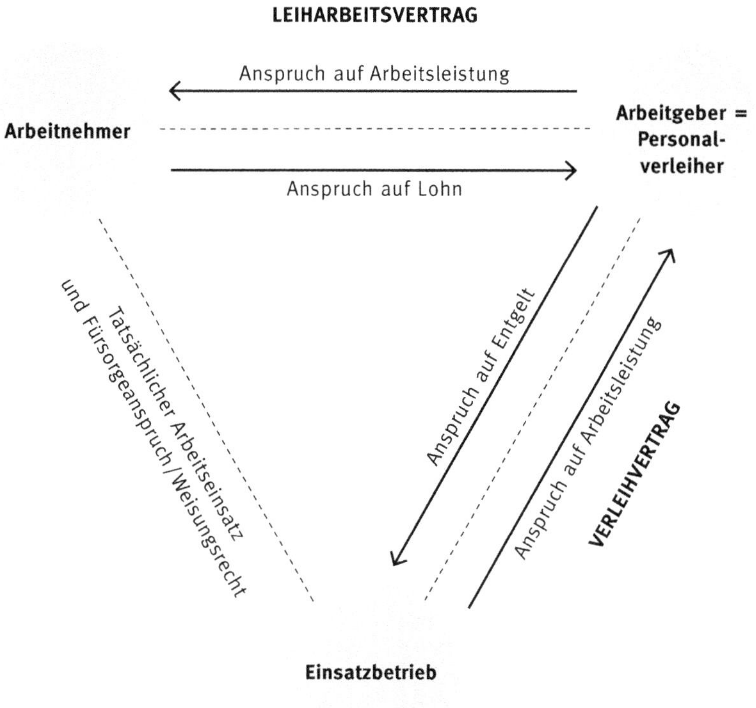

Ein solcher Leiharbeitsvertrag liegt etwa vor, wenn eine privatrechtliche Stiftung als Trägerin eines Beschäftigungsprogramms Erwerbslose an Drittfirmen ausleiht, damit diese dort Arbeitserfahrung sammeln können.[25]

Von diesen Personalverleihverträgen sind Verhältnisse abzugrenzen, wo eine Fachstelle als **Arbeitsvermittlerin** involviert[26] ist und somit der eigentliche Ar-

24 Vgl. Art. 12 ff. AVG (Arbeitsvermittlungsgesetz, SR 823.11) und Art. 1 und Art. 26 ff. AVV (Arbeitsvermittlungsverordnung, SR 823.111).

25 Vgl. Arbeitsgericht Zürich in ZR (Blätter für Zürcherische Rechtsprechung) 2000 NR. 99.

26 Auch insoweit bestehen Schutzvorschriften und Bewilligungspflichten, vgl. Art. 1 ff. AVG (Arbeitsvermittlungsgesetz, SR 823.11).

beitsvertrag direkt zwischen Einsatzbetrieb und Arbeitnehmer abgeschlossen wird. Dies ist etwa der Fall bei Umschulungen, die über eine Verfügung der Invalidenversicherung initiiert werden.[27] Insoweit entsteht ein Arbeitsverhältnis zwischen Umschulungsbetrieb als Arbeitgeber und der Arbeitnehmerin als versicherter Person, mit den entsprechenden arbeitsvertraglichen Pflichten. Die/der Betroffene hat natürlich auch Verpflichtungen gegenüber der IV als Vermittlerin, aber nicht als Arbeitnehmerin, sondern als versicherte Person aus dem gesetzlichen sozialversicherungsrechtlichen Grundverhältnis.[28]

Arbeit auf Probe

In der Praxis kommen Beschäftigungen vor, bei denen ein Arbeitgeber einen Stellenbewerber oder eine Stellenbewerberin unentgeltlich für kurze Zeit, z. B. einige Tage, versuchshalber arbeiten lässt, um so die Eignung für die Stelle zu prüfen. Solch «entschädigungsloses Probearbeiten» kann zulässig sein und bewirkt nicht zwingend einen Arbeitsvertrag, soweit nach Treu und Glauben keine Entgeltlichkeit erwartet werden kann und weil die Tätigkeit nicht primär auf das Erzielen eines Arbeitsergebnisses gerichtet ist.
Dafür bestehen aber enge Grenzen von Treu und Glauben und des Verbots der Übervorteilung (Art. 21 OR): So ist Entschädigungslosigkeit nur denkbar, wenn diese explizit im Voraus abgemacht wurde.[29] Dazu kommt: Wenn die Tätigkeit von Inhalt, Umfang oder Intensität her erheblich ist, so ist in diesen Fällen ein Arbeitsvertrag anzunehmen, die Arbeitszeit ist an die Probezeit anzurechnen und es ist insbesondere ein Lohn geschuldet, der sich nach dem Üblichen zu richten hat (Art. 320 Abs. 2 OR).[30]

Arbeitsversuch nach Art. 18a IVG

Besondere Fragen der Qualifikation des Rechtsverhältnisses stellen sich beim mit der 6. IV-Revision per 1.1.2012 eingeführten Instrument des **Arbeitsversuchs.**[31] Insoweit sieht das IVG vor, dass die Invalidenversicherung einer versicherten Person versuchsweise einen Arbeitsplatz für längstens 180 Tage zuweisen kann, um die tatsächliche Leistungsfähigkeit im Arbeitsmarkt abzuklären. Der Arbeitsversuch kann vorzeitig beendet werden, wenn das vereinbarte Ziel erreicht

27 Vgl. Art. 17 Abs. 1 IVG. Siehe dazu BJM (Basler Juristische Mitteilungen) 2001, S. 51.

28 Vgl. hinsichtlich der Schadenminderungs- und Eingliederungspflicht generell Art. 21 ATSG (Bundesgesetz über den Allgemeinen Teil der Sozialversicherungen) und im Bereich der IV insbesondere Art. 7, Art. 7a und Art. 7b IVG.

29 Ebenso Streiff/von Kaenel/Rudolph (2012), S. 74ff.; anders offenbar Geiser/Müller (2012), S. 93.

30 Ähnlich Streiff/von Kaenel/Rudolph (2012), S. 74ff.; siehe dazu auch Entscheid des Kantonsgerichts St. Gallen in JAR (Jahrbuch des Schweizerischen Arbeitsrechts) 2008, S. 460–464.

31 Vgl. Art. 18a IVG.

wurde, sich eine geeignetere Integrationsmassnahme aufdrängt oder wenn die Weiterführung der Massnahme aus medizinischen oder anderen wesentlichen Gründen nicht zielführend ist.[32] Während dem Arbeitsversuch erhält die versicherte Person ein Taggeld bzw. wird die Rente weiterbezahlt, wenn ein Rentenbezüger oder eine Rentenbezügerin so wiedereingegliedert werden soll. Gleichzeitig werden aber eine Reihe von Rechtsfolgen aus dem Arbeitsvertragsrecht für anwendbar erklärt, so unter anderem die Sorgfalts- und Treuepflichten, Regeln der Überstundenarbeit, die Haftungsbestimmungen, der Persönlichkeitsschutz und die Regeln zu Ferien und Freizeit (Art. 18a Abs. 3 IVG).

Der Arbeitsversuch ist eine neue, eigenständige Form eines Vertragsverhältnisses und nicht etwa eine Form des Personalverleihs: Zwar erfolgt die Bezahlung des Entgelts hier wie dort über die IV; alle anderen Verpflichtungen und Berechtigungen gelten aber beim Arbeitsversuch – anders als beim Personalverleih – zwischen Einsatzbetrieb und versicherter Person.[33]

Das IVG hält in Art. 18a explizit fest, dass während des Arbeitsversuchs *kein* Arbeitsverhältnis nach OR entstehe. Damit soll insbesondere vermieden werden, dass während des Arbeitsversuchs die besonderen OR-Sozialschutzvorschriften des Kündigungsschutzes und der Lohnfortzahlung bei Krankheit Anwendung finden, was die Bereitschaft der Einsatzbetriebe, einen solchen Arbeitsversuch zu wagen – so wird angenommen – schmälern könnte.[34] Meines Erachtens ist die Frage, ob bei einem Arbeitsversuch zwischen dem Einsatzbetrieb und der betroffenen Person ein Arbeitsvertrag entsteht, nicht nach IVG, sondern nach den genannten Regeln von Art. 319 OR zu bestimmen, also nach einer Gesamtbetrachtung der konkreten Verhältnisse mit Blick auf die vier Elemente Arbeitsleistung, Entrichtung eines Lohns, Subordination und Dauerschuldverhältnis.[35] Art. 18a Abs. 1 IVG schliesst in diesem Sinne die Entstehung des Arbeitsvertrags nur dann aus, wenn die Abklärung der tatsächlichen Leistungsfähigkeit eindeutig im Vordergrund steht und nicht die faktische Arbeitsleistung während des Arbeitsversuchs.

Es liegt aber auch in diesen Fällen ein Arbeitsvertrag vor, wenn eine Arbeitsleistung erwartet wird, geschuldet ist und erbracht wird mit dem Ziel, ein Arbeitsergebnis zu erzielen. In diesem Fall liegt hinsichtlich des Entgelts ein Fall von Art. 320 Abs. 2 OR vor, also eine Leistung, die nach den Umständen nur gegen Lohn zu erwarten ist. Steht tatsächlich eine verwertbare Arbeitsleistung

32 Art. 6bis IVV.

33 So auch Müller (2012), S. 535.

34 Botschaft zur Änderung des Bundesgesetzes über die Invalidenversicherung (6. IV-Revision, erstes Massnahmenpaket) vom 24. Februar 2010, S. 1890.

35 Siehe oben unter Ziff. 7.1.

im Vordergrund, für die nach Treu und Glauben ein Lohn erwartet werden kann, so ist meines Erachtens ein Arbeitsvertrag anzunehmen und kann die betroffene Person entsprechende Ansprüche gegenüber dem Einsatzbetrieb geltend machen, auch bei Arbeitsversuchen, die über die IV nach Art. 18a IVG initiiert wurden.[36] Selbstverständlich können in einem solchen Fall die Verpflichtungen des Arbeitgebers auf Lohn bzw. Lohnfortzahlung oder Unfallversicherungsschutz insoweit – aber nur insoweit – reduziert werden, als die Leistungen schon von der IV übernommen werden. Bislang hat sich die Rechtsprechung zu dieser Frage soweit überblickbar noch nicht geäussert.
Der Praxis ist zu raten, dass wenn ein Arbeitsverhältnis mit seinen Rechtsansprüchen für den Arbeitnehmer vermieden werden soll, klar und eindeutig zu deklarieren ist, wo und wie bei der Art und Weise der konkreten Beschäftigung die Abklärung der Leistungsfähigkeit sichtbar wird. Auch darf die Ausgestaltung der Verpflichtungen der im Arbeitsversuch stehenden Person hinsichtlich Leistungserbringung und Arbeitsergebnissen nicht das Niveau eines Arbeitsvertrags, das auf Arbeitsleistung gerichtet ist, annehmen.

Lehrvertrag / Ausbildungsvertrag
Ein Lehrvertrag ist ein besonderer Arbeitsvertrag, bei dem sich der Arbeitgeber verpflichtet, die lernende Person für eine bestimmte Berufstätigkeit fachgemäss zu bilden und die lernende Person zu diesem Zweck Arbeit im Dienst des Arbeitgebers leistet (Art. 344 ff. OR).
Der massgebliche Vertragsinhalt ist hier also die Ausbildung und nicht die entgeltliche Arbeitsleistung.[37] Die Arbeit ist das Mittel und nicht der Zweck. Ein Lohn ist bei einem Lehrvertrag zwar üblich, aber nach herrschender Meinung nicht begriffswesentlich.[38]
Arbeitgeber bedürfen für die Bildung in beruflicher Praxis einer besonderen kantonalen Bewilligung,[39] wobei besondere Fachkräfte als Berufsbildner einzusetzen sind.[40]
Solche Lehrverträge bedürfen der Schriftform. Zudem gelten Sonderregeln für die Probezeit, die zwischen einem und drei Monaten betragen kann bzw. ausnahmsweise durch Abrede und bei Zustimmung der kantonalen Behörde auf sechs Monate verlängerbar ist. Verboten sind Normen, welche die lernende Person im

36 Siehe auch Müller (2012), S. 530. Dessen Ausführungen beziehen sich auf einen Vorentwurf zum heutigen Art. 18a IVG.

37 BGE 132 III 753.

38 Streiff/von Kaenel/Rudolph (2012), S. 1317f. und S. 1339f.

39 Vgl. dazu Art. 20 BBG (Berufsbildungsgesetz, SR 412.10).

40 Art. 45 BBG (Berufsbildungsgesetz, SR 412.10) und Art. 40 ff. BBV (Berufsbildungsverordnung, SR 412 101).

freien Entschluss der Tätigkeit nach beendigter Lehre beeinträchtigen.[41]
Vom Lehrvertrag abzugrenzen sind Praktika, da hier das Erfordernis der fachgemässen Bildung und der Vermittlung einer systematischen und umfassenden – vor allem theoretischen – Bildung wegfällt. Bei diesen Verträgen liegt ein normaler Arbeitsvertrag im Sinne von Art. 319 OR vor. In der Lehre wird meines Erachtens zu Recht vereinzelt die Meinung vertreten, dass auf solche Praktika die Regeln des Lehrvertrages analog anzuwenden sind.[42]
Bei explizit vereinbarter Unentgeltlichkeit von Praktika kann dagegen im Regelfall kein Arbeitsvertrag vorliegen.[43] Auch hier ist es aber möglich, dass arbeitsrechtliche Regelungen analog angewendet werden. Zu beachten ist auch Art. 320 Abs. 2 OR: Wenn faktisch die Arbeitsleistung «wie bei einem Arbeitsvertrag» im Rahmen des Praktikums erbracht wird, so besteht ein Arbeitsvertrag und ein entsprechender Lohnanspruch.

41 Vgl. Art. 344a OR.
42 So Portmann (2011), Art. 344 N 17.
43 Damit ist die Situation gleich wie bei der Arbeit auf Probe, siehe weiter oben im selben Kapitel.

8. Arbeitsvertragsrechtliche Sozialschutzbestimmungen und Gestaltungsmöglichkeiten

Liegt ein Arbeitsvertrag vor, so ist eine ganze Reihe von vertraglichen Sozialschutzbestimmungen zu beachten.[44] Zusätzliche zwingende Rahmenbedingungen für die Ausgestaltung des Arbeitsverhältnisses können sich aus branchen- oder betriebsbezogenen Gesamtarbeitsverträgen ergeben. Überdies sind die öffentlich-rechtlichen Regeln zu beachten, die an Arbeitsverträge oder an die damit verbundene «unselbstständige Erwerbstätigkeit» anknüpfen. Vor allem die dem Gesundheits- und Arbeitnehmerschutz geschuldeten Regeln des Arbeitsgesetzes[45] und die Vorschriften der Sozialversicherungsunterstellung spielen eine erhebliche Rolle.
Im Folgenden sollen einige für die Praxis von Supported Employment wesentliche **arbeitsvertragliche Bestimmungen** und Gestaltungsmöglichkeiten dargestellt werden:

8.1. Probezeit (Art. 335b OR)

Der erste Monat eines unbefristeten Arbeitsverhältnisses gilt als Probezeit. Diese Frist kann durch Vertrag, durch Normal- oder Gesamtarbeitsvertrag verkürzt oder aber auf bis zu höchstens drei Monate verlängert werden. Eine solche Verlängerung ist nur im Voraus oder während der Probezeit und nur einmal möglich. Durch Gesetz verlängert sich die laufende Probezeit ausschliesslich bei Krankheit, Un-

44 Wird der Arbeitsvertrag mit einer Gemeinde, einem Kanton oder einer anderen dem öffentlichen Personalrecht unterstehenden Institution abgeschlossen, so ist insoweit primär das öffentliche Personalrecht zu beachten. Darauf wird hier nicht weiter eingegangen.

45 Vgl. das Bundesgesetz über die Arbeit in Industrie, Gewerbe und Handel (Arbeitsgesetz, SR 822.11).

fall oder Übernahme gesetzlicher Pflichten.[46] Besondere Regeln hinsichtlich der Probezeit gelten beim Lehrvertrag[47] und relativ häufig bei öffentlich-rechtlichen Anstellungsverhältnissen gemäss öffentlichem Personalrecht. Während der Probezeit kann das Arbeitsverhältnis mit einer Frist von sieben Tagen gekündigt werden, die speziellen Kündigungsschutzvorschriften und Sperrfristen gelten nicht. Überdies ist während der Probezeit bei einer allfälligen unverschuldeten Arbeitsunfähigkeit, etwa infolge Krankheit, keine Lohnfortzahlung geschuldet.[48] Die Probezeit ist von ihrem Wesen her auf unbefristete Vertragsverhältnisse zugeschnitten. Nur dort rechtfertigt sich eine zwingende, unabhängig von einer spezifischen Vereinbarung geltende «Probephase» des Kennenlernens, während der eine Aufhebung des Vertrags erleichtert möglich ist. Bei befristeten Arbeitsverhältnissen gilt deswegen eine Probezeit nur, wenn diese spezifisch vertraglich vereinbart wird.[49] In diesem Zusammenhang ist auch ein Arbeitsverhältnis zu Probezwecken zulässig,[50] also eine explizite Bezweckung des Arbeitsvertrages als Probelauf, mit der entsprechenden Befristung. Ein solches Arbeitsverhältnis endet dann automatisch mit Fristablauf.[51]
Damit eröffnet sich eine Gestaltungsmöglichkeit für Fälle, wo – wie häufig im Kontext von Supported Employment – für die Vertragsparteien noch nicht klar ist, ob ein festes, längeres Arbeitsverhältnis eingegangen werden soll: Maximale Flexibilität erhält man, wenn ein Vertrag befristet und mit einer expliziten Probezeit von drei Monaten kombiniert wird und zudem eine Kündigungsmöglichkeit vereinbart wird.

8.2. Lohnfortzahlung im Krankheitsfall (Art. 324a und b OR)

Bei einem Arbeitsverhältnis besteht für den Arbeitgeber bei unverschuldeter Arbeitsunfähigkeit aus Gründen, die in seiner Person liegen, insbesondere wegen Krankheit oder Unfall, eine Pflicht zur Lohnfortzahlung während einer bestimm-

46 Art. 335b Abs. 3 OR.

47 Art. 344a OR.

48 Art. 335b OR. Dazu Streiff/von Kaenel/Rudolph (2012), S. 927f.; Geiser/Müller (2012), S. 107f.

49 Streiff/von Kaenel/Rudolph (2012), S. 926ff.; differenzierend je nach Dauer des befristeten Arbeitsverhältnisses Geiser/Müller (2012), S. 108.

50 Siehe Bundesgerichtsurteil vom 15.3.1995 JAR 1996, 106; Streiff/von Kaenel/Rudolph (2012), S. 930.

51 Vereinzelt wird in der Lehre vertreten, dass in solchen Probearbeitsverhältnissen und bei Arbeitsversuchen die besonders erleichterte Kündigungsmöglichkeit auch über die Probezeit von drei Monaten hinaus gelten müsse. Das ist abzulehnen, weil damit der Sozialschutz für Arbeitsverträge über Gebühr durchbrochen würde und weil das Arbeitsvertragsrecht auch sonst genügend Flexibilität vorsieht. Für eine strenge Handhabung der Probezeitregel vgl. auch BGE 109 II 449 sowie Streiff/von Kaenel/Rudolph (2012), S. 930; anders aber Müller (2012), S. 538f.

ten Zeitdauer, im ersten Dienstjahr drei Wochen, danach für eine angemessen längere Zeit, die in der Praxis nach arbeitsgerichtlichen Skalen bemessen wird.[52] Abweichende Regelungen sind durch schriftliche Abrede, Normalarbeitsvertrag oder Gesamtarbeitsvertrag zwar möglich, sie müssen aber für die Arbeitnehmenden mindestens gleichwertig sein.[53]
Dieser Anspruch besteht allerdings erst, wenn das Arbeitsverhältnis bereits mehr als drei Monate gedauert hat oder für mehr als drei Monate eingegangen wurde: Die Lohnfortzahlungspflicht besteht also von Anfang an, wenn bei befristeten Verträgen das Arbeitsverhältnis ohne vorherige Beendigungsmöglichkeit mehr als drei Monate vereinbart ist und wenn unbefristete Verträge erst auf einen Termin nach Ablauf der drei Monate beendet werden können. Die Lohnfortzahlungspflicht beginnt dagegen erst am ersten Tag des vierten Anstellungsmonats in zwei Fällen: bei befristeten Verträgen mit einer Befristung unter drei Monaten oder einer Kombination mit einer Probezeit sowie bei unbefristeten Verträgen mit Probezeit, die vor Ende der drei Monate endet.[54]
Dies schafft wieder Flexibilität für Beschäftigungsverhältnisse im Kontext von Supported Employment für die Einstiegsphase in den allgemeinen Arbeitsmarkt oder für «Probearbeitsverhältnisse»: Es ist möglich, ein befristetes Arbeitsverhältnis zur Probe auf drei Monate abzuschliessen und so vorläufig einen Lohnfortzahlungsanspruch auszuschliessen.

8.3. Fürsorgepflicht und Persönlichkeitsschutz

Der Arbeitgeber hat im Arbeitsverhältnis die Persönlichkeit des Arbeitnehmers zu schützen. Dazu gehört, auf dessen Gesundheit gebührend Rücksicht zu nehmen und die Integrität zu schützen.[55] Daraus leitet sich die sogenannte Fürsorgepflicht des Arbeitgebers ab. Dabei sind Massnahmen vorzusehen, die – so Art. 328 Abs. 2 OR – nach der Erfahrung notwendig, nach dem Stand der Technik anwendbar und den Verhältnissen des Betriebs bzw. Haushalts angemessen sind. Die Grenze ist die Zumutbarkeit für den Arbeitgeber.
Daraus ergeben sich Verpflichtungen für den Arbeitgeber, Schutzmassnahmen vorzusehen, etwa der Arbeitsorganisation, der Instruktion und der Leitung. Da-

52 Geiser/Müller (2012), S. 166.

53 Streiff/von Kaenel/Rudolph (2012), S. 402ff. Insoweit geht es vor allem um die Krankentaggeldversicherung, die häufig als Kollektivversicherung für die Arbeitnehmenden abgeschlossen wird. Diese ist obligatorisch, wenn spezifische Gesamtarbeitsvertragsbestimmungen bestehen, ansonsten ist sie fakultativ.

54 So die herrschende Meinung und das Bundesgericht. Vgl. BGE 131 III 623 und Streiff/von Kaenel/Rudolph (2012), S. 403ff. m.w.H.

55 Art. 328 OR.

rüber hinaus sind Mitarbeitende vor psychischen Belastungen wie Stress, Überlastungen, Überforderungen oder Mobbing geeignet zu schützen.[56] Der Arbeitgeber hat insoweit auch gegenüber Verhaltensweisen zu schützen, bei denen Menschen mit Behinderungen verletzt, abgewertet oder ausgegrenzt werden.[57] Mit Blick auf Integrationsarbeitsverhältnisse verdienen diese Aspekte im Bereich von Supported Employment besondere Beachtung. Mit der Einführung und der adäquaten, konzeptionell gestützten Ausgestaltung des Supports können Arbeitgebende ausweisen, diese Pflichten wahrzunehmen. Supported Employment ist in diesem Sinne bei einem bestehenden Arbeitsverhältnis Teil des arbeitgeberseitigen Persönlichkeitsschutzes für die Mitarbeitenden.

8.4. Arbeitsvertraglicher Kündigungsschutz

Ein Arbeitsverhältnis kann im ersten Dienstjahr nach Ablauf der vereinbarten Probezeit mit einer Frist von einem Monat ordentlich gekündigt werden, im zweiten bis zum neunten Dienstjahr mit einer Frist von zwei Monaten. Danach beträgt die Frist drei Monate (Art. 335c Abs. 1 OR). Diese Frist kann durch schriftliche Abrede, Normalarbeitsvertrag oder Gesamtarbeitsvertrag (GAV) abgeändert werden. Allerdings ist eine Herabsetzung unter einen Monat nur für das erste Dienstjahr durch GAV möglich.

Der **zeitliche Kündigungsschutz** verbietet nach Ablauf der Probezeit als Ausdruck der Fürsorgepflicht die Kündigung während bestimmter Perioden (Dienstleistung in Militär und Zivildienst und Ähnlichem, Krankheit oder Unfall, Schwangerschaft und Geburt).[58] Im Kontext von Supported Employment ist von besonderer Bedeutung die Sperrfrist für die Kündigung, wenn der Arbeitnehmer ohne eigenes Verschulden durch Krankheit oder Unfall ganz oder teilweise an der Arbeitsleistung verhindert wird. Im ersten Dienstjahr (nach Ablauf der Probezeit!) beträgt diese Sperrfrist 30 Tage, im zweiten bis zum fünften Dienstjahr 90 Tage und ab dem sechsten Dienstjahr 180 Tage. Eine Kündigung, die während dieser Sperrfristen ausgesprochen wird, ist nichtig. Läuft die Kündigungsfrist bereits zufolge einer ordentlichen Kündigung und tritt dann ein Grund für eine Sperrfrist ein, so wird die entsprechende Kündigungsfrist unterbrochen.[59]

Der tiefere Grund hinter der Sperrfrist ist, dass während einer durch Krankheit

56 Streiff/von Kaenel/Rudolph (2012), S. 508ff.; Geiser/Müller (2012), S. 171ff.

57 Das gilt gemäss Art. 328 Abs. 2 OR für alle privatrechtlichen Arbeitsverhältnisse. Für den Personalverleih und die Arbeitsvermittlung kann die entsprechende Pflicht überdies aus Art. 6 des BehiG; für Anstellungen beim Bund aus Art. 3 lit. g BehiG (Behindertengleichstellungsgesetz, SR 151.3) abgeleitet werden.

58 Art. 336c OR.

59 Streiff/von Kaenel/Rudolph (2012), S. 1067ff.; Geiser/Müller (2012), S. 229ff.

oder nach einem Unfall bestehenden Arbeitsunfähigkeit für den Arbeitnehmer praktisch kaum eine Möglichkeit besteht, eine Neuanstellung zu erreichen. Das bedeutet auch, dass nur gesundheitliche Störungen eine Sperrfrist auslösen können, welche diesen Effekt haben oder mindestens haben können.[60] Dabei ist unerheblich, ob der Arbeitnehmer von der Krankheit weiss bzw. ob der Arbeitgeber darüber informiert ist.[61] Auch wird die Sperrfrist schon dann ausgelöst, wenn die Arbeitsfähigkeit nur teilweise beschränkt ist.[62]

Die Sperrfristen gemäss Art. 336c OR gelten auch bei Personalverleiharbeitsverträgen. Dies kann den Arbeitgeber als Personalverleiher einem gewissen Risiko aussetzen, wenn der Einsatzbetrieb den Einsatz beendet.[63]

Es ist zu beachten, dass die Frage der Sperrfrist primär die Dauer des Arbeitsverhältnisses betrifft, nicht aber die Frage, ob noch eine Lohnfortzahlung – trotz Hinderung an der Arbeitstätigkeit – geschuldet ist. Für letzteres sind die bereits dargestellten Regeln zur Lohnfortzahlung bei Krankheit relevant.[64]

Darüber hinaus gilt der Schutz vor **missbräuchlichen Kündigungen.** Dieser gilt schon während der Probezeit. Im Zusammenhang mit Supported Employment kann sich vor allem die Frage stellen, ob eine Entlassung eventuell als unzulässige Kündigung wegen persönlicher Eigenschaften betrachtet werden kann.[65] Entscheidend hierfür ist, ob die Kündigung mit Blick darauf erfolgt, dass die Erfüllung der Arbeitspflicht nicht erfolgt bzw. nur beschränkt erfolgen kann. Soweit eine Kündigung wegen einer Erkrankung oder Einschränkung erfolgt, welche unmittelbar die Erfüllung der Arbeitspflicht beeinträchtigt, ist die Kündigung zulässig und nicht missbräuchlich.[66]

Der Vollständigkeit halber sei hier angeführt, dass eine ausserordentliche, also **fristlose Kündigung** zwar jederzeit – auch bei laufenden Sperrfristen – zur Auflösung des Vertrags führt, aber nur im Falle der Unzumutbarkeit der Einhaltung der zulässigen Kündigungsfristen zulässig ist. Wurde fristlos entlassen trotz Zumutbarkeit des Abwartens der vertraglichen und gesetzlichen Fristen, so drohen erhebliche Schadenersatz- und Strafzahlungen. Relevant sind dabei die konkreten Verhältnisse und Gründe hinter der Entlassung.[67]

60 So auch Pärli/Hug (2012), S. 1–12.

61 BGE 128 III 212.

62 Streiff/von Kaenel/Rudolph (2012), S. 1083.

63 Streiff/von Kaenel/Rudolph (2012), S.1070.

64 Siehe dazu Art. 324a und Art. 324b OR. Siehe oben unter B, bb.

65 Art. 336 Abs. 1 lit. a OR. Ähnlich für den Arbeitsversuch Müller (2012), S. 538f.

66 Streiff/von Kaenel/Rudolph (2012), S. 1009ff.; Geiser/ Müller (2012), S. 235ff.

67 Vgl. zur fristlosen Kündigung Art. 337 OR. Dazu Streiff/von Kaenel/Rudolph(2012), S. 1097ff.; Geiser/Müller (2012), S. 225ff.

9. Fazit und einige weiterführende Gedanken

Im Zusammenhang mit der Konzeptionierung oder der praktischen Durchführung von Supported Employment sind eine Reihe von rechtlichen Fragen zu klären. Die Klärung dient der Vorhersehbarkeit für die Beteiligten, schafft Rechtssicherheit, erhöht in diesem Sinne die Bereitschaft zum Abschluss entsprechender Arbeitsverhältnisse und Erfolgschancen für die konfliktarme und erfolgreiche Integration.

Die genauen Abklärungen und Regeln müssen im Einzelfall bestimmt werden, da sie abhängig von Branche, Betrieb und den konkreten Umständen der Tätigkeit und der Ausgestaltung des Arbeitsverhältnisses sind. Im Wesentlichen geht es dabei um sozialversicherungsrechtliche Fragen, Fragen der Betriebshaftung und entsprechender Versicherungen, Fragen der Unterstellung des Arbeitsverhältnisses unter eine Krankentaggeldversicherung oder die berufliche Vorsorge, Fragen der konkreten Ausgestaltung des Rechtsverhältnisses zum Zuweiser bzw. Finanzierer (z. B. beim Arbeitsversuch nach Art. 18a IVG oder bei Massnahmen, die über die Sozialdienste finanziert werden) sowie vor allem um die arbeitsvertragsrechtlichen Rechte und Pflichten. Insbesondere letztere wurden in diesem Beitrag etwas näher beleuchtet.

Umfang und Art der Rechte und Pflichten im direkten Verhältnis zwischen Betrieb und Arbeitnehmer richten sich primär danach, ob ein Arbeitsverhältnis im Sinne von Art. 319 OR vorliegt. Dies hängt insbesondere davon ab, ob nach den konkreten Verhältnissen faktisch eine Arbeitsleistung erwartet wird und geschuldet ist, die Arbeitsergebnisse hervorbringt, und ob so nach Treu und Glauben ein Lohn erwartet werden darf. Nach der hier vertretenen Ansicht ist das immer dann der Fall, wenn die Arbeitstätigkeit mit Blick auf das Erzielen von Arbeitsergebnissen für den Betrieb geleistet wird oder wenn dieser Aspekt zumindest mit eine wesentliche Rolle spielt.

Kein Arbeitsvertrag liegt nur vor, wenn die Arbeit in erheblichem Ausmass nur Mittel zum Therapie- oder Abklärungszweck ist. In letzterem Fall liegt ein Vertrag eigener Art vor, bei dem dann die Sozialschutzvorschriften des Arbeitsvertragsrechts höchstens analog und punktuell zur Anwendung kommen können. Mit Blick auf das obligationenrechtliche Sozialschutzziel im Arbeitsvertragsrecht sollte aber nicht vorschnell davon ausgegangen werden, es liege kein Arbeitsvertrag vor.

Liegt ein Arbeitsvertrag vor, so sind die wesentlichen Schutzbestimmungen bei der Ausgestaltung des Integrationsarbeitsverhältnisses grundsätzlich zu beachten. Dazu gehören vor allem der Schutz der Persönlichkeit, die Lohnfortzahlungspflicht bei Krankheit und der Kündigungsschutz, überdies – bei Vorliegen eines Normal- oder Gesamtarbeitsvertrags – allfällige besondere Normen zu Arbeitszeit, Lohn usw. Beim Personalverleihvertrag oder der Arbeitsvermittlungstätigkeit sind Bewilligungsvorschriften des Arbeitsvermittlungsgesetzes zu beachten, ebenso die besonderen zwingenden Regeln für die Vertragsgestaltung, beim Lehrvertrag der besondere Einbezug der Berufsbildungsämter und spezielle Schutzvorschriften vor allem bezüglich Kündigung.

Dabei bestehen im Arbeitsvertragsrecht erhebliche Gestaltungsmöglichkeiten für die Vertragspartner, welche eine flexible Ausgestaltung der Verhältnisse und – aus Arbeitgebendensicht – eine Minimierung des Kostenrisikos erlauben. Im Besonderen können durch befristete Verträge, die – schon während der Frist – mit einer Kündigungsmöglichkeit verbunden werden und eine auf drei Monate erweiterte Probezeit aufweisen, flexible Probearbeitsverhältnisse geschaffen werden. Für den Arbeitnehmer hat dies allerdings zur Folge, dass sowohl der Kündigungsschutz als auch der Anspruch auf Lohnfortzahlung bei Krankheit reduziert sind bzw. nicht bestehen.

Im Einzelnen bestehen allerdings für Arbeitsversuche, Arbeitstrainings, Praktika, Teillohnarbeitsverhältnisse, Arbeitsverhältnisse mit besonderem Support usw. relativ viele juristische Unklarheiten. Dies hat damit zu tun, dass sich bei diesen Arbeitsverhältnissen die Zielsetzungen häufig kombinieren bzw. irgendwo zwischen dem Erzielen von Arbeitsergebnissen und einer reinen Beschäftigung als Therapie bzw. Abklärung ansiedeln. Diese Mischarbeitsverhältnisse sind für alle Beteiligten eine besondere Herausforderung, können grosse Chancen bieten, aber ihnen wohnt auch die Gefahr des Missbrauchs inne.

Insoweit liegt die Interessenlage der Beteiligten ähnlich wie beim Lehrvertrag, der privatrechtlich in Art. 344 OR besondere Regelung erfuhr, darüber hinaus aber auch öffentlich-rechtlicher Aufsicht untersteht. Für die besonderen Arbeitsverhältnisse rund um Supported Employment wäre deshalb de lege ferenda eine analoge Regelung wie beim Lehrvertrag zu prüfen. Damit verbunden wäre eine Möglichkeit, Probezeiten auf bis zu sechs Monate zu verlängern, gleichzeitig

wäre damit auch eine Begleitung und Aufsicht dieser besonderen Arbeitsverhältnisse, unabhängig vom Zuweiser, installiert.
Mit einer entsprechenden Neuregelung im OR und eventuell in der Berufsbildungsgesetzgebung könnte sichergestellt werden, dass die besondere Zwecksetzung solcher Mischarbeitsverhältnisse tatsächlich im Vordergrund bleibt und sich so die Ziele zwischen Abklärung, Training, Probe und Arbeitsleistung verwirklichen lassen.

Literaturverzeichnis

Abraham, Martin; Hinz, Thomas (Hrsg.) (2008). Arbeitsmarktsoziologie. Probleme, Theorien, empirische Befunde. 2. Auflage. Wiesbaden: VS Verlag

Aeppli, Daniel C.; Ragni, Thomas (2009). Ist Erwerbsarbeit für Sozialhilfebezüger ein Privileg? Welche Sozialhilfebezüger finden in der Schweiz eine dauerhafte Erwerbsarbeit? Welche Wirkung entfaltet auf Reintegration zielende Sozialhilfe? Bern. Staatssekretariat für Wirtschaft (SECO)

Antonovsky, Aron (1997). Salutogenese. Zur Entmystifizierung der Gesundheit. Thübingen: DGVT Verlag

Amering, Michaela; Schmolke, Margrit (2007). Recovery. Das Ende der Unheilbarkeit. Bonn: Psychiatrie Verlag

Avenir Social (2010). Berufskodex Sozial Arbeit Schweiz. Ein Argumentarium für die Praxis der Professionellen. Bern: Avenir Social

Baer, Niklas (2006). Befragung von kleineren und mittleren Unternehmen im Kanton Baselland zu Hürden, Möglichkeiten und Anreizen der Anstellung von Menschen mit einer Behinderung. Gefunden am 10.10.2012 unter http://www.promentesana.ch/_files/Downloads/Tagung_06/biel06_baer.pdf

Barlsen, Jörg; Hohmeier, Jürgen (Hrsg.) (2001). Neue berufliche Chancen für Menschen mit Behinderung. Unterstützte Beschäftigung im System der beruflichen Rehabilitation. Düsseldorf. Düsseldorf: Verlag Selbstbestimmtes Leben

Basener, Dieter (2012). Ich möchte arbeiten. Das Modell Spagat Vorarlberg. Hamburg: 53° Nord

Baumgartner, Edgar; Greiwe, Stephanie; Schwarb, Thomas (2004). Die berufliche Integration von behinderten Personen in der Schweiz: Studie zur Beschäftigungssituation und zu Eingliederungsbemühungen. BSV, Bern

Becker, Deborah R.; Drake, Robert E. (2003). A working life for people with severe mental illness. Oxford: University Press

Bieker, Rudolf (Hrsg.) (2005). Teilhabe am Arbeitsleben. Wege der beruflichen Integration von Menschen mit Behinderung. Stuttgart: Kohlhammer

Bode, Ingo (2011). Soziale Dienstleistungen am Arbeitsmarkt. In: Evers, Adalbert; Heinze, Rolf G.; Olk, Thomas (Hrsg.) (2011). Handbuch Soziale Dienste. Wiesbaden: VS Verlag

Bond, Gary R. (2004). Supported Employment: Evidence for an evidence-based practice. In: Psychiatric Rehabilitation Journal, Volume 27

Bond, Gary R.; Drake, Robert E.; Becker, Deborah R. (2008). An update on randomized controlled trials of evidence-based Supported Employment. In: Psychiatric Rehabilitation Journal, Volume 31

Bracher, Carmen; Schmid, Adrian; Wigger, Pascal (2010). Erster Arbeitsmarkt – NEXT EXIT. Hindernisgründe und Anreize der Wirtschaft für die Integration von Langzeiterwerbslosen in den ersten Arbeitsmarkt. Luzern: Hochschule Luzern – Soziale Arbeit

Brieger, Peter; Hoffmann, Holger (2012). Was bringt psychisch Kranke nachhaltig in Arbeit? «Supported Employment» vs. «pre-vocational training» In: Nervenarzt 7/2012

Brinkmann, Gerhard (1981). Ökonomik der Arbeit. Band 1: Grundlagen. Stuttgart: Klett-Cotta

Bronfenbrenner, Urie (1981). Die Ökologie der menschlichen Entwicklung: natürliche und geplante Experimente. Stuttgart: Klett-Cotta

Bundesamt für Statistik (BFS) (2010). Arbeit und Gesundheit. Ergebnisse der Schweizerischen Gesundheitsbefragung 2007. Neuchatel: BFS

Bundesamt für Statistik (BFS) (2011). Statistischer Sozialbericht Schweiz 2011. Neuchatel: BFS

Bundesamt für Statistik (BFS) (2012). Arbeitsmarktindikatoren 2012. Kommentierte Ergebnisse für die Periode 2006–2012. Neuchatel: BFS

Bundesamt für Sozialversicherungen (BSV) (2012). IV-Statistik 2011. Bern: BSV

Bungard, Walter (1987). Psychisch Kranke in der Arbeitswelt. Neue Ansätze zur beruflichen Rehabilitation und Integration. München und Weinheim: Psychologische Verlags Union

Burghardt, Heinz; Enggruber, Ruth (Hrsg.) (2005). Soziale Dienstleistungen am Arbeitsmarkt. Soziale Arbeit zwischen Arbeitsmarkt- und Sozialpolitik. Weinheim: Juventa

Burghardt, Heinz; Enggruber Ruth (Hrsg.) (2010). Soziale Dienstleistungen am Arbeitsmarkt in professioneller Reflexion Sozialer Arbeit. Berlin: Franke & Timme

Bürgi, Christoph (2009). Supported Employment. Berufliche Eingliederung für Menschen mit psychischen Störungen. Diplomarbeit eingereicht bei der Zürcher Hochschule für Angewandte Wissenschaften. Zürich: Zürcher Hochschule für Angewandte Wissenschaften

Burns, Tom; Catty, Jocelyn (2008). IPS in Europe: The EQOLISE Trial. In: Psychiatric Rehabilitation Journal 2008, Volume 31, No. 4

Burns, Tom; Catty, Jocelyn; White, Sarah; Becker, Thomas; Koletsi, Marsha; Fioritti, Angelo; Rössler, Wulf; Tomov, Toma; Van Buschbach, Jooske; Wiersma, Durk; Lauber, Christoph (2008). The Impact of Supported Employment and Working on Clinical and Social Functioning: Results of an International Study of Individual Placement and Support. In: Schizophrenia Bulletin, Vol. 35, No. 5

Castel, Robert (2000). Die Metamorphosen der sozialen Frage. Eine Chronik der Lohnarbeit. Konstanz: UVK

Cook, Judith A. (2008). The Employment Intervention Demonstration Program: Major Findings and Policy Implications. In: Psychiatric Rehabilitation Journal 2008, Vol. 31, No. 4

Corrigan, Patrick W.; Mueser, Kim T.; Bond, Gary R.; Drake, Robert E.; Solomon, Phyllis (2008). Principles and Practice of Psychiatric Rehabilitation. An empirical approach. New York: Guilford Press

Doose, Stefan (2007). Unterstützte Beschäftigung: Theorie, Methodik und Nachhaltigkeit der Unterstützung von Menschen mit Lernschwierigkeiten durch Integrationsfachdienste und Werkstätten für behinderte Menschen auf dem allgemeinen Arbeitsmarkt. Eine Verbleibs- und Verlaufsstudie. Marburg: Lebenshilfe Verlag

Doose, Stefan (2009). Inklusion und Unterstützte Beschäftigung. In: BAG UB Impulse No. 50 (2&3/2009).

Dörre, Klaus (2005). Prekäre Arbeitsgesellschaft. In: Widerspruch Heft 49, Jg. 25 (Halbjahr 2, 2005)

Dunand, Jean-Philipp; Mahon, Pascal (2013). Commentaire du contrat de travail. Bern: Stämpfli Verlag

Dunkel, Wolfgang (2011). Arbeit in sozialen Dienstleistungsorganisationen: die Interaktion mit dem Klienten. In: Evers, Adalbert; Heinze, Rolf G.; Olk, Thomas (Hrsg.) (2011). Handbuch Soziale Dienste. Wiesbaden: VS Verlag

Enggruber, Ruth (2010). Professionelle Grundlagen Sozialer Arbeit für den Arbeitsmarkt. In: Burghardt, Heinz; Enggruber, Ruth (Hrsg.). Soziale Dienstleistungen am Arbeitsmarkt in professioneller Reflexion Sozialer Arbeit. Berlin: Frank & Timme

European Commission (2012). Supported Employment for people with disabilities in the EU and EFTA-EFA. Good practices and recommendations in support of a flexicurity approach. Luxemburg: Publications Office of the European Union, 2012

European Union of Supported Employment (2007). Informationsbroschüre und Qualitätsstandards. Gefunden am 20.7.2012 unter www.euse.org/resources/publications/EUSE%20Information%20Brochure%20-%20German.pdf

Faden, Sabine; Galliker, Martina (2011). Brücken schaffen Integration in den ersten Arbeitsmarkt aus der Sicht der Arbeitgebenden und Handlungsmöglichkeiten für die Soziale Arbeit. Luzern: Hochschule Luzern – Soziale Arbeit

Flügel, Martin (2009). Strukturelle Arbeitslosigkeit – eine grundsätzliche Herausforderung für den Sozialstaat Schweiz. In: Sozialalmanach. Schwerpunkt: Zukunft der Arbeitsgesellschaft. Luzern: Caritas Verlag

Frick Andres; Lampart, Daniel (2007). Entwicklungen auf dem schweizerischen Arbeitsmarkt seit 1980. In: Netzwerk Arbeitsmarkt (2007). Arbeitsmarkt 2010. Chance für alle? Zürich: Rüegger Verlag

Galuske, Michael (2007). Methoden der Sozialen Arbeit. Eine Einführung. 7. ergänzte Auflage. Weinheim und München: Juventa

Geiser, Thomas; Müller, Roland (2012). Arbeitsrecht in der Schweiz. 2. Auflage. Bern: Stämpfli Verlag

Giedenbacher, Yvonne; Stadler-Vida, Michael; Strümpel, Charlotte (2003). Quality in Practice: Stakeholders' view of Supported Employment. Gefunden am 20.7.2012 unter www.quip.at/

Göckler, Rainer (2012). Zwangskontexte in der Beschäftigungsförderung. Beratung unter Sanktionsdruck. In: Verhaltenstherapie & psychosoziale Praxis, 44. Jg. (1), 2012

Griese, Birgit; Grieshop, Hedwig Rosa (2007). Biografische Fallarbeit. Theorie, Methode und Praxisrelevanz. Wiesbaden: VS Verlag

Hagner, David; Nisbet, Jan (1988). Natural support in the workplace: A re-examination of supported employment. In: Journal of the Association for Persons with Severe Handicaps, 13 (4)

Heiner, Maja (2007). Soziale Arbeit als Beruf. Fälle – Felder – Fähigkeiten. München/Basel: Ernst Reinhardt

Herringer, Norbert (2002). Empowerment in der Sozialen Arbeit. Eine Einführung. Stuttgart: Kohlhammer

Hochuli Freund, Ursula; Stotz, Walter (2011). Kooperative Prozessgestaltung in der Sozialen Arbeit. Ein methodenintegratives Lehrbuch: Stuttgart: Kohlhammer

Hinz, Andreas; Körner, Ingrid; Niehoff, Ulrich (Hrsg.) (2008). Von der Integration zur Inklusion. Grundlagen – Perspektiven – Praxis. Marburg: Lebenshilfe-Verlag

Husi, Gregor; Villiger, Simone (2012). Sozialarbeit, Sozialpädagogik, Soziokulturelle Animation. Theoretische Reflexionen und Forschungsergebnisse zur Differenzierung Sozialer Arbeit. Luzern: interact

Jahoda, Marie (1983). Wieviel Arbeit braucht der Mensch? Arbeit und Arbeitslosigkeit im 20. Jahrhundert. Weinheim und Basel: Beltz Verlag

Kasselmann, Olaf; Rüttgers, Julia (2005). Projekt Integration – 8 Jahre danach. Verbleib- und Verlaufsstudie der von Integrationsfachdiensten in Westfalen-Lippe von 1994 bis 1997 auf den allgemeinen Arbeitsmarkt vermittelten schwerbehinderten Menschen mit Lernschwierigkeiten. Gefunden am 23.7.2012 unter www.lwl.org/abt61-download/PDF/broschueren/Verbleibstudie_Endbericht

Kähler, Harro Dietrich (2001). Erstgespräche in der sozialen Einzelhilfe. 4. überarbeitete und erweiterte Auflage. Freiburg i.B.: Lambertus

Kehrli, Christin (2009). Chance Sozialfirmen: Niederschwellige Arbeitsplätze auf dem dritten Arbeitsmarkt. In: Caritas Schweiz (Hrsg.). Sozialalmanach 2009. Schwerpunkt: Zukunft der Arbeitsgesellschaft. Luzern: Caritas-Verlag

Krieger, Ralph; Pekruhl, Ulrich; Lehmann, Mara; Graf, Maggie (2012). 5. europäische Erhebung über die Arbeitsbedingungen. Bern: Staatssekretariat für Wirtschaft (SECO)

Kühn, Alexandra; Rüter, Maike (2008). Arbeitsmarkt und Behinderung. Neue Anforderungen an die Soziale Arbeit? Hildesheimer Schriften zur Sozialpädagogik und Sozialarbeit. Hildesheim: Georg Olms

Kutzner, Stefan; Nollert, Michael (2009). Armut trotz Arbeit – eine Herausforderung für die Sozialpolitik. In: Kutzner, Stefan; Nollert, Michael; Bonvin, Jean-Michel (2009). Armut trotz Arbeit. Die neue Arbeitswelt als Herausforderung für die Sozialpolitik. Zürich: Seismo

Lampart, Daniel; Gallusser, David (2011). SGB-Verteilungsbericht. Dossier Nr. 77. Gefunden am 10.10.2012 unter www.verteilungsbericht.ch/wp-content/uploads/2011/04/77_Verteilungsbericht.pdf

Leach, Steve (2002). A Supported Employment Workbook. Individual Profiling and Job Matching. London and Philadelphia: Jessica Kingsley Publishers

Looss, Wolfgang (1997). Unter vier Augen. Coaching für Manager. Landsberg: Verlag Moderne Industrie

Luhmann, Niklas (1995). Inklusion und Exklusion. In: Luhmann, Niklas (1995). Soziologische Aufklärung 6. Die Soziologie und der Mensch. Opladen: Leske und Budrich

Mäder, Ueli; Jey Aratnam, Ganga; Schilliger, Sarah (2010). Wie Reiche denken und lenken. Reichtum in der Schweiz: Geschichten, Fakten, Gespräche. Zürich: Rotpunktverlag

Mäder, Ueli (2009). Erwerbsarbeit und Armut: Zur Dynamik von Integration und Ausschluss. In: Kutzner, Stefan; Nollert, Michael; Bonvin, Jean-Michel (2009). Armut trotz Arbeit. Die neue Arbeitswelt als Herausforderung für die Sozialpolitik. Zürich: Seismo

Mecklenburg, Hermann; Storck, Joachim (Hrsg.) (2010). Handbuch der beruflichen Integration und Rehabilitation. Wie psychisch kranke Menschen in Arbeit kommen und bleiben. Bonn: Psychiatrie-Verlag

Mey, Eva; Benz, Fernanda (2010). Eingebunden statt aussortiert. Erfahrungen aus der Stadtzürcher Arbeitsintegration. Edition Sozialpraxis Nr. 6. Zürich: Sozialdepartement der Stadt Zürich

Mey, Eva; Schaufelberger, Daniel (2010). Viele Massnahmen – wenig Übersicht. Arbeitsintegration – Vorschlag einer Systematisierung. In: Sozialaktuell 5/2010

Möbel-Pfister (1985). Die berufliche Eingliederung Behinderter: Handbuch: dargestellt am Beispiel des Projekts "Beschützende Arbeitsplätze für ehemalige Psychiatriepatienten" bei Möbel-Pfister Suhr. Suhr: Möbel-Pfister

Müller, Roland A. (2012). Reintegration aus der IV-Rente mit arbeitsrechtlichen Hemmnissen? Das «Arbeitsverhältnis zur Probe». In: Riemer-Kafka, Gabriela; Rumo-Jungo, Alexandra (2010). Soziale Sicherheit – Soziale Unsicherheit. Festschrift für Erwin Murer zum 65. Geburtstag. Bern: Stämpfli Verlag

Nadai, Eva (2009). Aktiv ins Abseits. Aktivierende Sozialhilfe und die Produktion von Unsicherheit. In: Sozial Aktuell 6/2009

Netzwerk Arbeitsmarkt (2007). Arbeitsmarkt 2010. Chance für alle? Zürich: Rüegger Verlag

Nollert, Michael (2010). Der Warencharakter der Arbeit und seine Schattenseiten. Arbeitsintegration zwischen De- und Rekommodifizierung. In: Sozial Aktuell 5/2010

Pärli, Kurt; Hug, Julia (2012). Arbeitsrechtliche Fragen bei Präsentismus. In: ARV (Arbeitsrecht – Zeitschrift für Arbeitsrecht und Arbeitslosenversicherung) 1/2012. Zürich: Schulthess Verlag

Pärli, Kurt; Lichtenauer, Annette; Caplazi, Alexandra (2008). Literaturanalyse Integration in die Arbeitswelt durch Gleichstellung. Bern: Eidgenössischen Büros für die Gleichstellung von Menschen mit Behinderung (EGBG)

Portmann, Wolfgang (2011). Kommentar zu den Art. 319–362 OR. In: Honsell, Heinrich; Vogt Nedim, Peter; Wiegand, Wolfgang (Hrsg.). Basler Kommentar Obligationenrecht I. 5. Auflage. Basel: Helbing Lichtenhahn Verlag

Radatz, Sonja (2000). Beratung ohne Ratschlag. Systemisches Coaching für Führungskräfte und BeraterInnen. Wien: Verlag systemisches Management

Rauen, Christopher (Hrsg.) (2003). Handbuch Coaching. 2. überarbeitete und erweiterte Auflage. Göttingen: Hogrefe

Reis, Claus; Wende, Lutz (2010). Grundlegende Organisationsprobleme bei der Erbringung «aktivierender» Dienstleistungen im Kontext der aktuellen Arbeitsmarktpolitik. In: Burghardt, Heinz; Enggruber, Ruth (Hrsg.). Soziale Dienstleistungen am Arbeitsmarkt in professioneller Reflexion Sozialer Arbeit. Berlin: Frank & Timme

Ronca, Marion (2012). Macht Arbeit krank? In: Der Arbeitsmarkt 12/2012

Rüst, Thomas; Debrunner, Annelies (2005). Supported Employment. Modelle unterstützter Beschäftigung bei psychischer Beeinträchtigung. Nationales Forschungsprogramm NFP 45 – Probleme des Sozialstaates. Zürich/Chur: Rüegger

Rüst, Thomas (2008). Supported Employment. In: Newsletter Nr. 4/2008 von Thomas Rüst und Agogis INSOS W&O gefunden am 27.7.2012 unter www.agogis.ch/media/dateien/wo/nlse/newsletter4.pdf

Sacchi, Stefan; Salvisberg, Alexander (2011). Entwicklung des Arbeitsmarkts für Berufseinsteiger. In: Die Volkswirtschaft. Das Magazin für Wirtschaftspolitik 4–2011

Sander, Gudrun; Bauer, Elisabeth (2006). Strategieentwicklung kurz und klar: Das Handbuch für Non-Profit-Organisationen. Bern: Haupt

Schallberger, Peter; Wyer, Bettina (2010). Praxis der Aktivierung. Eine Untersuchung von Programmen zur vorübergehenden Beschäftigung. Konstanz: UVK

Schmocker, Beat (2011). Soziale Arbeit und ihre Ethik in der Praxis. Eine Einführung mit Glossar zum Berufskodex Soziale Arbeit Schweiz. Bern: Avenir Social

Schmocker, Beat (Hrsg.) (2006). Liebe, Macht und Erkenntnis. Silvia Staub-Bernasconi und das Spannungsfeld Soziale Arbeit. Luzern: interact

Schwab, Helmut; Theunissen, Georg (Hrsg.) (2009). Inklusion, Partizipation und Empowerment in der Behindertenarbeit. Best-Practice-Beispiele: Wohnen – Leben – Arbeit – Freizeit. Stuttgart: Kohlhammer

Sheldon, George (2010). Der Schweizer Arbeitsmarkt seit 1920: Langfristige Tendenzen. In: Die Volkswirtschaft. Das Magazin für Wirtschaftspolitik 1/2–2010

Sommerfeld, Peter; Hollenstein, Lea; Calzaferri, Raphael (2011). Integration und Lebensführung. Ein forschungsgestützter Beitrag zur Theoriebildung der Sozialen Arbeit. Wiesbaden: VS Verlag

Staub-Bernasconi, Silvia (2007). Soziale Arbeit als Handlungswissenschaft: Systemische Grundlagen und professionelle Praxis – ein Lehrbuch. Bern: Haupt

Stimmer, Franz (2012). Grundlagen des Methodischen Handelns in der Sozialen Arbeit. 3. überarbeitete und erweiterte Auflage. Stuttgart: Kohlhammer

Streiff, Ullin; von Kaenel, Adrian; Rudolph, Roger (2012). Arbeitsvertrag Praxiskommentar zu Art. 319 bis 362 OR. 7. Auflage. Zürich/Basel/Genf: Schulthess Verlag

Supported Employment Schweiz (undatiert). Standortpapier Supported Employment. Gefunden am 20.7.2012 unter www.supportedemployment-schweiz.ch/index.cfm/3D46C866-A725-4A70-42AFB793B97F6215/

Supported Employment Schweiz (2012). Europäischer Werkzeugkoffer für Supported Employment. Gefunden am 4.1.2013 unter www.supportedemployment-schweiz.ch/index.cfm/431D93A5-015A-4A80-83472EA948D9FBF8/

Thole, Werner; Höblich, Davina; Ahmed, Sarina (Hrsg.) (2012). Taschenwörterbuch Soziale Arbeit. Bad Heilbrunn: Verlag Julius Klinkhardt

Von Schlippe, Arist; Schweitzer, Jochen (2010). Systemische Interventionen. 2. Auflage. Göttingen: Vandenhoeck & Ruprecht

Von Spiegel, Hiltrud (2011). Methodisches Handeln in der Sozialen Arbeit. 4. Auflage. München: Ernst Reinhardt Verlag

Wehman, Paul; Kregel, John (1998). More than a Job. Baltimore: Paul Brookes

Autoren

Daniel Schaufelberger

Geboren 1975. Ausbildung zum Sozialpädagogen HF in Luzern. Arbeitete in der Sozialpsychiatrie sowie als Kursleiter und Integrationsberater in unterschiedlichen Kontexten der Arbeitsintegration. 2006-2008 Masterstudium (MSc) in Organization Development in Wien. Seit 2008 Dozent und Projektleiter an der Hochschule Luzern – Soziale Arbeit. Tätig in der Lehre und Weiterbildung zu Arbeitsintegration, Supported Employment und Case Management sowie als Projektleiter in Dienstleistungs- (Beratung von Organisationen), Entwicklungs- und Evaluationsprojekten. Aufbau und Leitung des CAS-Weiterbildungsprogramms Job Coaching – Supported Employment.

Peter Mösch Payot

Geboren 1970. Lic. iur. LL.M. Manager Nonprofit NDS FH. Arbeitete an der Universität, an Gerichten (u. a. Arbeitsgericht), in der Verwaltung und in einer Berner Anwaltskanzlei. Seit 2001 Dozent und Projektleiter an der Hochschule Luzern – Soziale Arbeit, Lehrbeauftragter an der Fachhochschule Nordwestschweiz und der HES-SO Wallis. Co-Autor des Lehrbuchs «Recht für die Soziale Arbeit – Grundlagen und ausgewählte Aspekte». Beratungen und Rechtsgutachten für öffentliche und private Institutionen in arbeits- und sozialrechtlichen Fragestellungen. Dozent im CAS-Weiterbildungsprogramm Job Coaching – Supported Employment.